O Tarô do Kama Sutra

A. R. Madan
Ilustrações de Art School Vijai e Ram of Rajastan

O Tarô do Kama Sutra

Tradução:
Ana Verbena

MADRAS®

Publicado originalmente em inglês sob o título *Kamasutra Tarot*, por Lo Scarabeo.
© 2007, Lo Scarabeo.
Direitos de edição e tradução para todos os países de língua portuguesa.
Tradução autorizada do inglês.
© 2012, Madras Editora Ltda.

Editor:
Wagner Veneziani Costa

Produção e Capa:
Equipe Técnica Madras

Tradução:
Ana Verbena
Studio RGE

Revisão da tradução:
Tatiana Malheiro

Revisão:
Sonia Batista
Arlete Genari

Dados Internacionais de Catalogação na Publicação (CIP)
(Câmara Brasileira do Livro, SP, Brasil)

Madan, A. R.
O Tarô do Kama Sutra/ A. R. Madan; ilustrações de
Art School Viaji e Ram of Rajastan; tradução
Ana Verbena. – São Paulo: Madras, 2012.
Título original: Kama Sutra tarot
Bibliografia
ISBN 978-85-370-0752-5

1. Amor 2. Erotismo 3. Sexo 4. Tarô I. Art
School Vijai. II. Ram of Rajastan. III. Título.

12-02827   CDD-133.32424

Índices para catálogo sistemático:
1. Tarô do Kama Sutra: Artes divinatórias: Ocultismo 133.32424

É proibida a reprodução total ou parcial desta obra, de qualquer forma ou por qualquer meio eletrônico, mecânico, inclusive por meio de processos xerográficos, incluindo ainda o uso da internet, sem a permissão expressa da Madras Editora, na pessoa de seu editor (Lei nº 9.610, de 19.2.98).

Todos os direitos desta edição, em língua portuguesa, reservados pela

MADRAS EDITORA LTDA.
Rua Paulo Gonçalves, 88 – Santana
CEP: 02403-020 – São Paulo/SP
Caixa Postal: 12183 – CEP: 02013-970
Tel.: (11) 2281-5555 – Fax: (11) 2959-3090
www.madras.com.br

Índice

Português 7
English 105
Italiano 115
Español 125
Français 135
Deutsch 145

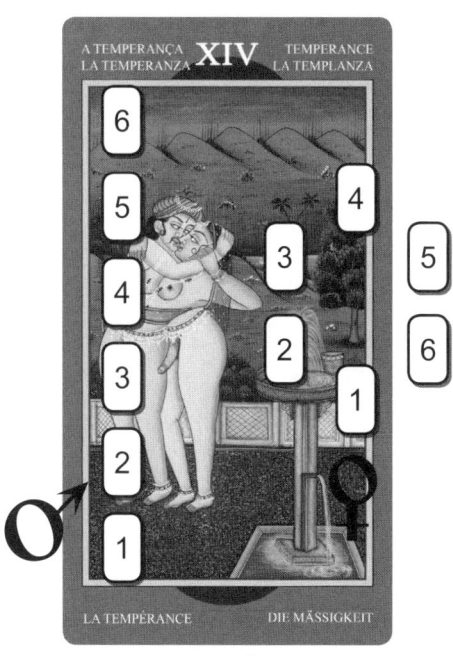

Português

O Kama Sutra

Muitos ocidentais não têm familiaridade com a história ou a cultura que produziu o *Kama Sutra*. Grande parte, entretanto, reconhecerá a obra como "aquele velho e apimentado livro sobre posições sexuais". Essa descrição é justificada sob vários aspectos... porém é incompleta.

São incertas as origens do *Kama Sutra* (que, traduzido literalmente, significa "um manual do desejo"). Costuma-se atribuir a autoria a Yatsyayana, que se acredita ter vivido durante a dinastia Gupta, uma era de ouro cultural e religiosa (entre os séculos IV e VI). Mas o *Kama Sutra* não foi criado por Yatsyayana, já que na verdade trata-se de um comentário sobre uma versão resumida de uma série de textos mais antigos detalhando o *Kama Shastra*, ou as "ciências do amor".

Os 35 capítulos do *Kama Sutra* cobrem grande variedade de tópicos, dentre os quais:

– O papel do amor romântico na vida de homens e mulheres;
– A prática da relação sexual, desde beijos e preliminares até a famosa lista de 64 posições sexuais;
– O processo de encontrar e cortejar uma esposa;
– As regras de conduta sobre como as esposas deveriam se portar
– As formas de seduzir as esposas alheias;
– O trabalho das cortesãs, ou acompanhantes profissionais;
– Os segredos para atrair pretendentes e companheiros.

As culturas ocidentais têm obsessão por temas sexuais, mas desaprovam a expressão sexual. O *Kama Sutra*, entretanto, ao refletir suas origens enraizadas na antiga cultura indiana, celebra a sexualidade. Dentro das normas de sua época, o *Kama Sutra* compreende a sexualidade como caminho para o êxtase e a expansão da percepção.

O Tarô

O Tarô é, de maneira geral, um baralho de cartas contendo 22 lâminas de Arcanos Maiores (considerados mais poderosos ou importantes que as outras lâminas) e 56 Arcanos Menores, divididos em quatro naipes. Dentro de cada naipe há cartas numéricas, de Ás a 10, e quatro cartas da corte (normalmente alguma variação de Pajem, Cavaleiro, Rainha e Rei).

Os entusiastas do ocultismo nos séculos XIX e XX eram obcecados pela imaginosa ideia das origens egípcias do Tarô. Mas, no século XXI, vários estudiosos, autores e leitores de livros e baralhos de Tarô adotaram um viés rígido e prático com relação ao assunto. Os princípios desse novo "documentarismo secular" sustentam que:

– apesar de incorporar referências ilustradas a religião, mitologia e alquimia, o Tarô foi criado para além de um simples jogo de cartas, provavelmente na Itália do século XV;

– um Tarô moderno é melhor utilizado para a autoconhecimento e geração de *insights* do que para magia e previsão do futuro;

– todas as ideias de que o Tarô seria uma ferramenta poderosa de autotransformação e trabalho espiritual são equivocadas (na melhor das hipóteses) ou enganosas (na pior delas).

Ao menos nesse ponto está claro que as evidências concretas pendem para o lado dos documentaristas. Mesmo assim, muitos dos adeptos do Tarô, especialmente após anos de trabalho com as lâminas, afirmam a espantosa habilidade do baralho para revelar segredos, refletir pensamentos e até (poderíamos nos atrever a dizer?) prever o futuro. Isso, segundo eles, indicaria que o Tarô deve ser mais do que um jogo de cartas fantasioso que foi confundido com instrumento metafísico.

Suspeitamos que a maioria das pessoas profundamente apaixonadas pelo Tarô não chegaram até ele atraídas por seu caráter de artefato histórico. Com isso em mente, é com grande prazer que apresentamos o *Tarô do Kama Sutra* como uma poderosa ferramenta para reflexão, adivinhação e magia sexual.

O Tarô do Kama Sutra

Objetivo. *O Tarô do Kama Sutra* combina a estrutura e o misticismo do Tarô com a inteligência erótica da obra mais famosa mundialmente sobre a arte de fazer amor. O baralho busca religar aqueles que o utilizam com uma rica tradição que vê a relação sexual como caminho para o êxtase e a iluminação.

Formato. Quando o baralho foi encomendado originalmente, o primeiro impulso foi associar as lâminas com cada uma das famosas posições sexuais do *Kama Sutra*. Posteriormente, essa estratégia mostrou-se infrutífera. O *Kama Sutra* detalha 64 posições sexuais, o Tarô contém 78 lâminas, e não havia uma forma clara de relacionar um com outro sem desrespeitar alguma das duas tradições.

Em vez disso, os artistas indianos foram encarregados de criar uma série de imagens autênticas no estilo e com as características vistos frequentemente nas versões ilustradas do *Kama Sutra*; vinte e duas dessas imagens foram selecionadas, adaptadas e relacionadas aos 22 Arcanos Maiores do Tarô, 56 foram organizadas em quatro naipes e então relacionadas aos sentidos divinatórios popularmente atribuídos aos Arcanos Menores.

Arte. O projeto artístico desse baralho apresenta pelo menos três desafios aos ocidentais:

– **As ilustrações mostram explicitamente os atos sexuais.** Especialmente na sociedade americana, imagens explícitas de seios, vagina, pênis e ânus são raramente encontradas fora do contexto da pornografia. Nossa intenção ao criar este baralho, entretanto, não foi sermos lúbricos ou lascivos. O *Kama Sutra* é, em essência, um manual técnico das possibilidades sexuais humanas. Obscurecer ou censurar os detalhes iria contradizer o espírito do trabalho.

– **As ilustrações refletem atitudes autênticas dos séculos IV e V com relação a gênero e sexo.** Influenciados pela obsessão ocidental do século XX pela igualdade a todo custo, muitos leitores tecerão objeções (ao menos em público) a qualquer atividade ou posição sexual que pareça árdua ou submissa. Os leitores são lembrados de que a atividade sexual humana inclui um espectro que nem sempre pode corresponder às expectativas ocidentais quanto a igualdade e reciprocidade.

– **As ilustrações merecem um estudo cuidadoso.** Aos olhos do Ocidente, as imagens deste baralho parecerão repetitivas; muitos reclamarão que as lâminas são semelhantes demais entre si para serem usadas como instrumentos divinatórios. Entretanto, deve-se ressaltar que "O Diabo está nos detalhes". A posição de um pé, o ângulo de uma mão, a direção de um olhar são sutilezas que dirão muito aos que forem pacientes e estudiosos o suficiente para examiná-las.

Trabalhando com o *Tarô do Kama Sutra*

Como Ferramenta para o Esclarecimento Espiritual. Se utilizado deliberadamente como instrumento de escolha consciente, o baralho do *Kama Sutra* ilumina o que talvez seja o caminho mais prazeroso para o esclarecimento espiritual. Para os que se interessam pelos aspectos mágicos e transformadores da sexualidade, ele oferece uma vasta gama de instruções e revelações.

Tomar este baralho por mero jogo de entretenimento (tirar as lâminas e tentar realizar as posições ilustradas) irá rapidamente mostrar-se tanto penoso quanto frustrante. Em vez disso, o leitor é encorajado a meditar acerca da expressão dinâmica sugerida por cada ato testemunhado.

Que troca de energias é captada pela pose? Qual história está sendo contada? O tema é criação ou destruição? Unidade ou divisão? O que a habilidade de vivenciar o prazer em tal posição sugeriria quanto a idade, flexibilidade ou dedicação dos parceiros? Como seus estados emocional, mental ou físico poderiam sugerir ações e atitudes que você deveria adotar conforme se depara com seus próprios desafios?

Como Ferramenta Divinatória. O baralho do *Kama Sutra* não apoia nem estimula "consultas sob demanda". Você deve interagir com as lâminas apenas quando tiver tempo e energia adequados para fazê-lo.

Primeiro Passo: Preparação
A sessão divinatória deve ser uma experiência sensual. Reduza as luzes. Acenda velas e incensos. Banhe-se e perfume-se. É aconselhável que você esteja nu ao fazer uso deste Tarô para simbolizar sua pureza e vulnerabilidade. Embaralhe bem as lâminas. Não tenha pressa. Considere que o ato de embaralhar seja uma preliminar metafísica – afinal, em um sentido bastante real e místico, você está acariciando o Universo inteiro.

Por fim, com grande delicadeza, arrume o baralho no formato de uma torre rígida de lâminas (simbolizando o pênis) e corte-o em duas metades iguais (simbolizando a vagina aberta).

Segundo Passo: Criação
Junte novamente as lâminas em uma só pilha, simbolizando a relação sexual.

Nesse momento você deve escolher um esquema ou forma de dispor as lâminas. Esse esquema, o resultado metafísico da sua interação com o baralho, fornecerá espantosas revelações. Você pode criar sua própria disposição das lâminas, mas recomendamos uma especificamente elaborada para o *Tarô do Kama Sutra*.

O Esquema *Kama Sutra*
Se você é **homem**, disponha as lâminas em uma linha vertical simples, simbolizando o pênis ereto, com a Lâmina Um na base e a Lâmina Seis no topo.

Se você é **mulher**, disponha as lâminas em formato mais ou menos oval, simbolizando a abertura da vagina. Com as lâminas colocadas em sentido horário, a Lâmina Um estará na base, as Lâminas Dois e Três à esquerda, a Lâmina Quatro no topo e as Lâminas Cinco e Seis à direita.

Os nomes de posições nesses esquemas baseiam-se em termos do *Kama Sutra* usados para descrever várias atividades e posições sexuais.

– A Lâmina **Um** representa **A Pressão**: é a energia por trás da sua situação atual.
– A Lâmina **Dois** representa **A Posição Entrelaçada**: como essa energia se manifesta na sua vida.
– A Lâmina **Três** representa **A Fechadura**: quais pessoas ou eventos são atraídos em sua direção.
– A Lâmina **Quatro** representa **A Ascensão**: o que acontecerá por fim.
– A Lâmina **Cinco** representa **O Lótus**: sua experiência com tal resultado, boa ou ruim.
– A Lâmina **Seis** representa **A União**: o que você aprenderá com tudo isso, consequentemente.

Terceiro Passo: Interpretação

É uma boa ideia estudar cada lâmina, vivenciando em primeira mão sua energia e mensagens sutis, e, por fim, tirar suas próprias conclusões quanto à mensagem que aquela lâmina traz para você.

Com isso em mente, a seguinte lista com os significados das lâminas pode ajudá-lo a interpretar sua leitura; no caso dos iniciantes, irá auxiliá-los a reconhecer as diferenças sutis entre as lâminas.

Se sua leitura revela um futuro que você deseja evitar, apague todas as velas e tome um banho ritualístico, limpando-se das energias da leitura.

Quarto Passo: Finalização

Se sua leitura revela um futuro que deseja acolher, considere fechar a sessão com um ato terno e criativo: desde a lenta masturbação até o sexo com um parceiro disposto. No momento do orgasmo, visualize o resultado que você deseja vivenciar e canalize a energia do orgasmo como meio de manifestar seus desejos.

Atenção: Tentativas de manipular outras pessoas caem diretamente no âmbito da magia negra, e devem ser evitadas. Examine cuidadosamente os seus desejos e motivações antes de usar a magia sexual para tentar manifestar algo.

Quando terminar de usar as lâminas, embale-as respeitosamente em um pedaço de seda ou outro tecido natural e guarde-as em uma caixa de madeira, papel ou metal. Se usá-las apenas para questões de natureza pessoal ou sexual, com o tempo você vai perceber que esse baralho transforma-se em uma companhia íntima transbordante de conselhos confiáveis e revelações notáveis.

Os Arcanos Maiores

0. O Louco. Inocência.

I. O Mago. Experiência.

II. A Sacerdotisa. Virgindade.

III. A Imperatriz. Produtividade.

IV. O Imperador. Controle.

V. O Hierofante. Orientação.

VI. Os Amantes. Atração.

Português 23

VII. O Carro. Progresso.

VIII. A Justiça. Ação correta.

| O EREMITA | IX | THE HERMIT |
| L'EREMITA | | EL ERMITAÑO |

| L'ERMITE | | DER EREMIT |

IX. O Eremita. Sabedoria.

X. A Roda. Acaso.

XI. A Força. Disciplina.

XII. O Enforcado. Impotência.

Português

XIII. A Morte. Orgasmo, conclusão.

XIV. A Temperança. Moderação.

| O DIABO | XV | THE DEVIL |
| IL DIAVOLO | | EL DIABLO |

LE DIABLE — DER TEUFEL

XV. O Diabo. Tabus.

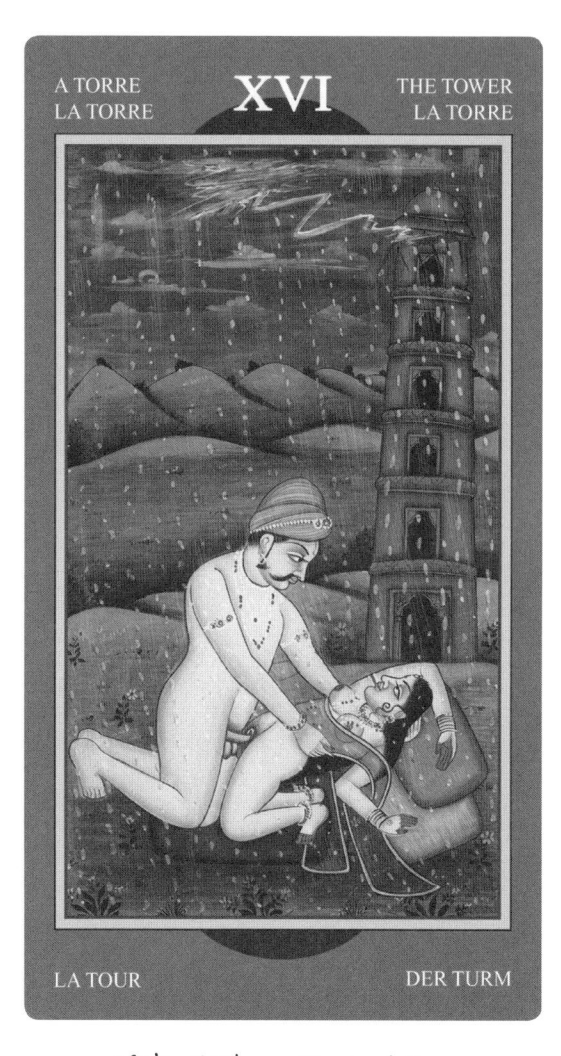

XVI. A Torre. Destruição.

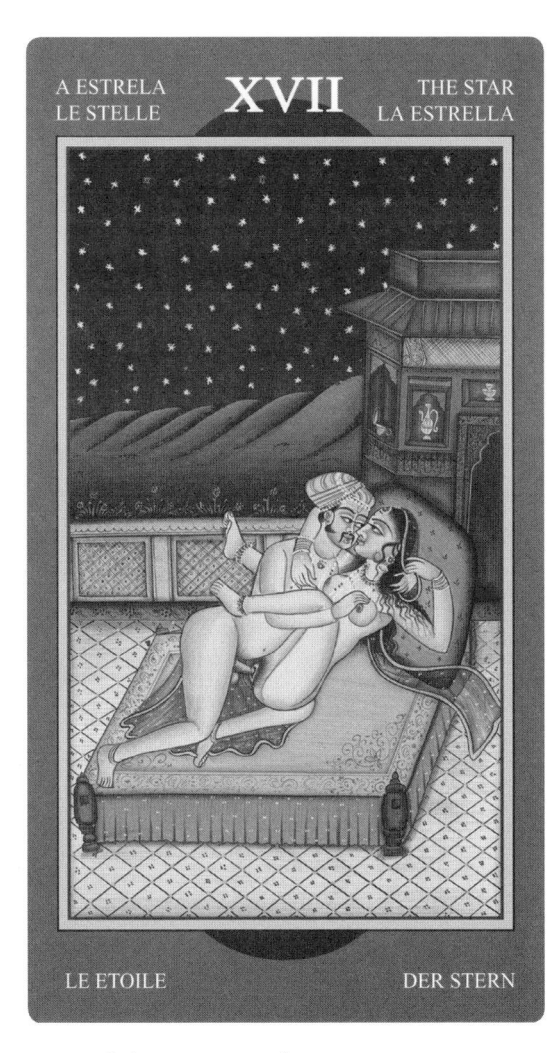

XVII. A Estrela. Esperanças.

XVIII. A Lua. Fantasias.

XIX. O Sol. Realidades.

XX. O Julgamento. Discernimento.

Português

| O MUNDO / IL MONDO | **XXI** | THE WORLD / EL MUNDO |

LE MONDE — DIE WELT

XXI. O Mundo. Completude.

Os Arcanos Menores

O Naipe de Paus

Um ou ambos os parceiros sexuais estão em posição vertical. O corpo ereto significa o bastão, ou *lingam*, símbolo fálico masculino do desejo e da criação – o tema do naipe de paus

Ás. Criatividade, energia masculina.

2. Autoridade, reciprocidade.

3. Cooperação, virtude.

4. Celebração, liberdade.

5. Discórdia, conflito.

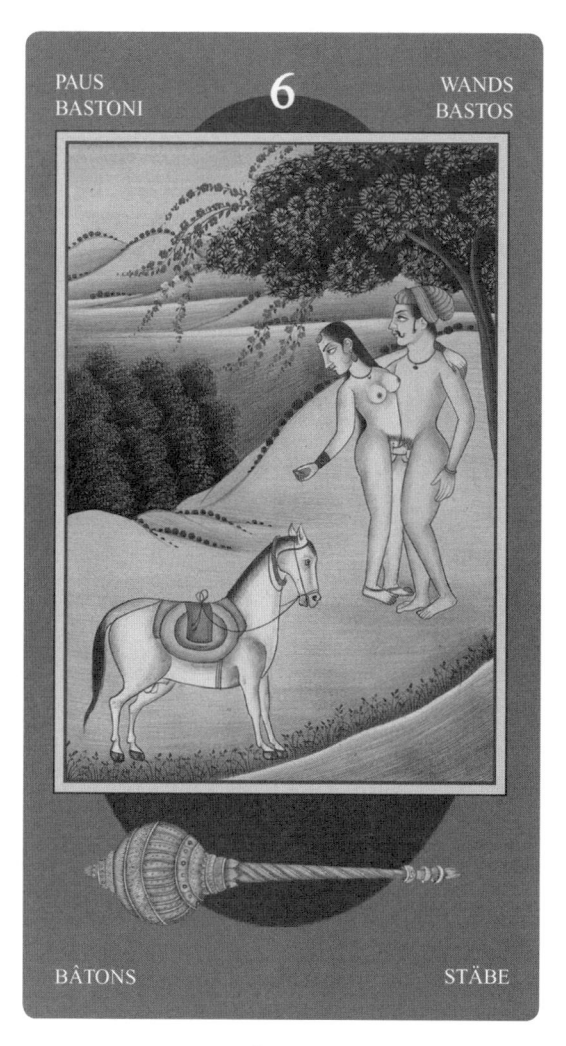

6. *Vitória.*

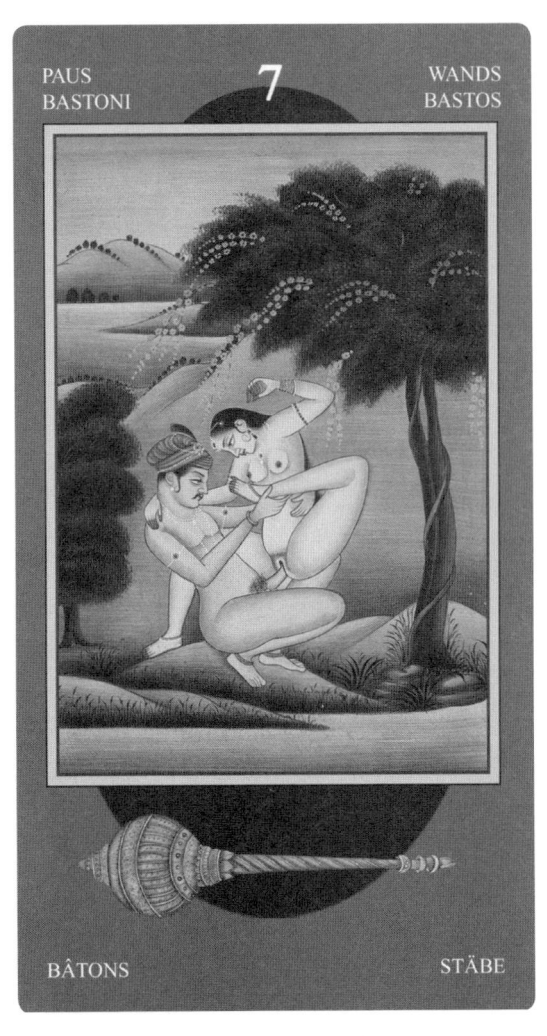

7. *Agressividade.*

8. Velocidade, agilidade.

9. *Atitude defensiva, confiança.*

10. Fardo, sobrecarga.

Pajem. Entusiasmo, confiança.

Português

| CAVALEIRO DE PAUS | KNIGHT OF WANDS |
| CAVALIERE DI BASTONI | CABALLO DE BASTOS |

| CHEVALIER DE BÂTONS | RITTER DER STÄBE |

Cavaleiro. Charme, insolência.

Rainha. Atração, dedicação.

Português

Rei. Inspiração, carisma.

O Naipe de Ouros

No naipe de ouros, ambos os parceiros sexuais estão deitados no chão.
A postura horizontal sugere a expansão
plana e passiva do elemento terra.

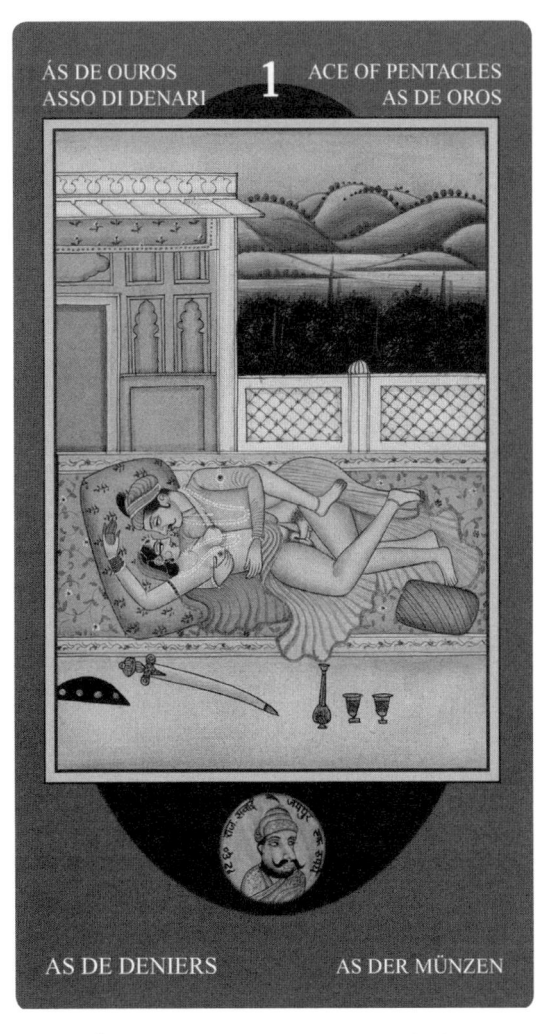

Ás. Crescimento, prosperidade.

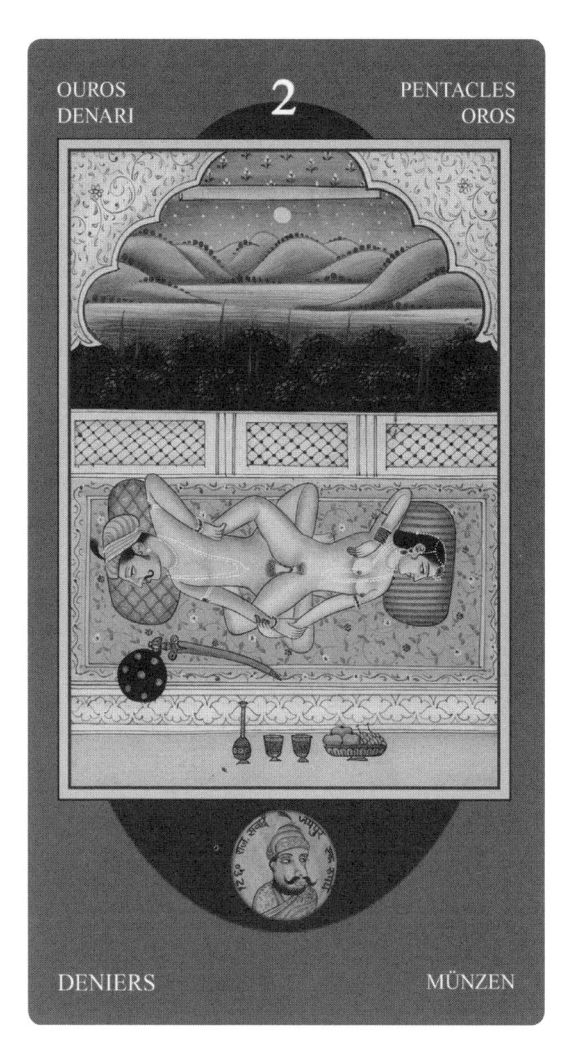

2. Mudança, flutuação.

3. Trabalho em equipe, esforço.

Português 61

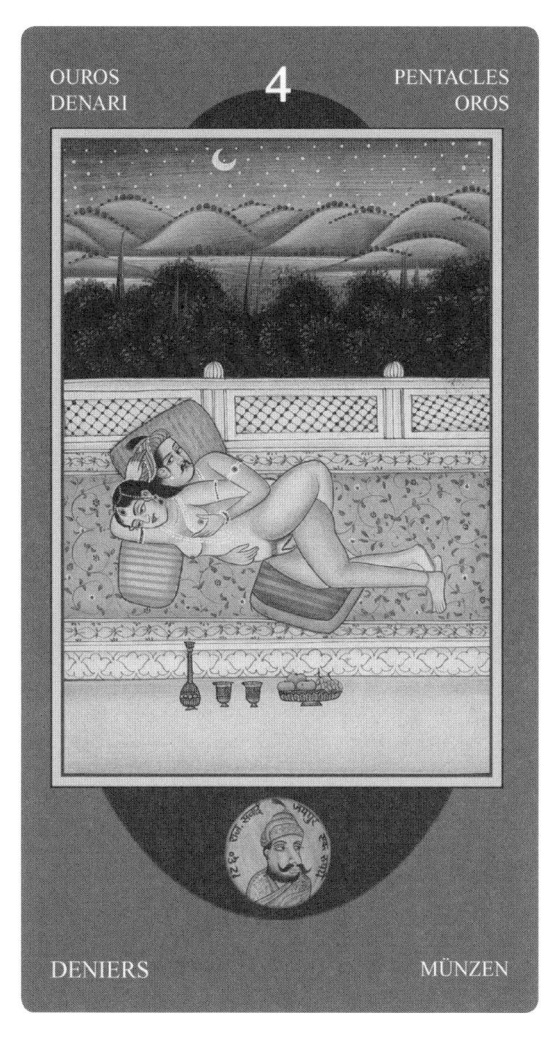

4. Poder, preservação.

5. Perda, pobreza.

Português

6. *Caridade, sucesso.*

7. Melancolia, fracasso.

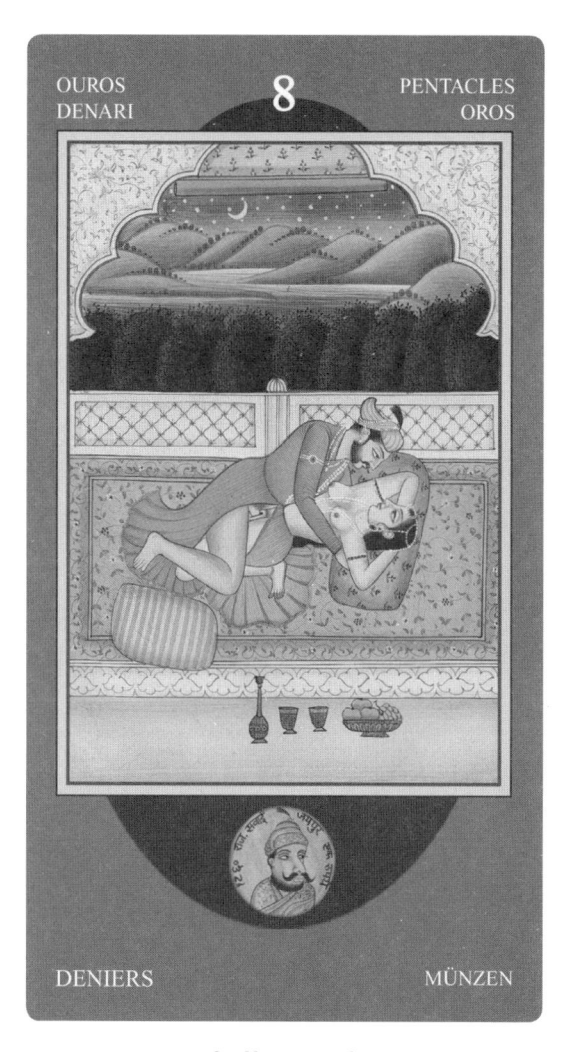

8. Trabalho, prudência.

9. Ganho, aprendizado.

Português

10. Luxo, abundância.

Pajem. Praticidade, prosperidade.

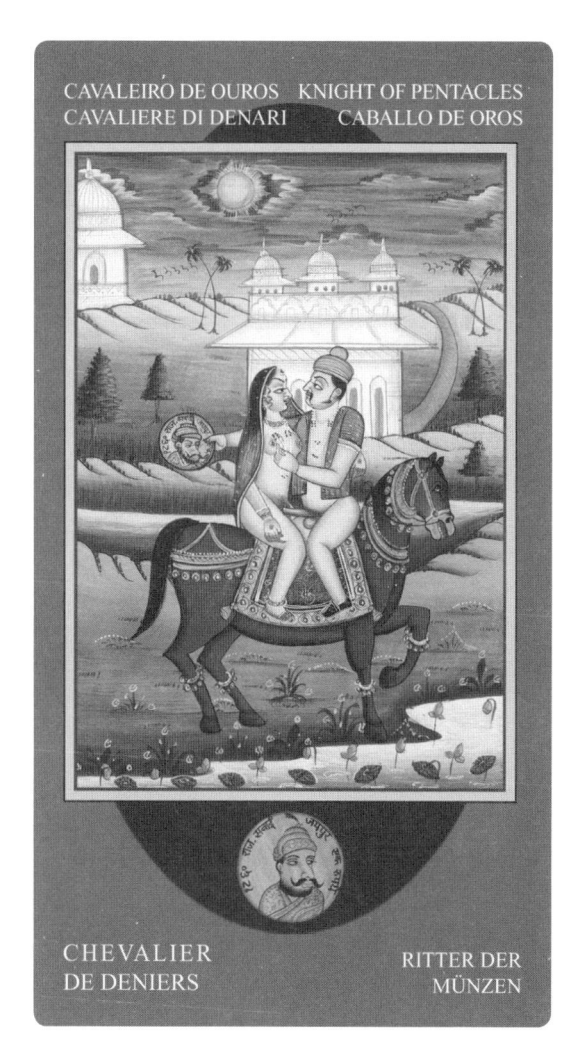

Cavaleiro. Teimosia, cautela.

Rainha. Desenvoltura, versatilidade.

Português 71

Rei. Empreendedorismo, confiabilidade.

O Naipe de Espadas

As lâminas do naipe de espadas mostram um ou ambos os parceiros ajoelhados ou agachados, com o homem em posição superior e a mulher em posição mais passiva. Essa disposição ressalta a ascendência do aspecto agressivo da sexualidade.

| ÁS DE ESPADAS | **1** | ACE OF SWORDS |
| ASSO DI SPADE | | AS DE ESPADAS |

AS D'ÉPÉES — AS DER SCHWERTER

Ás. Lógica, pensamento.

2. Desordem, debate.

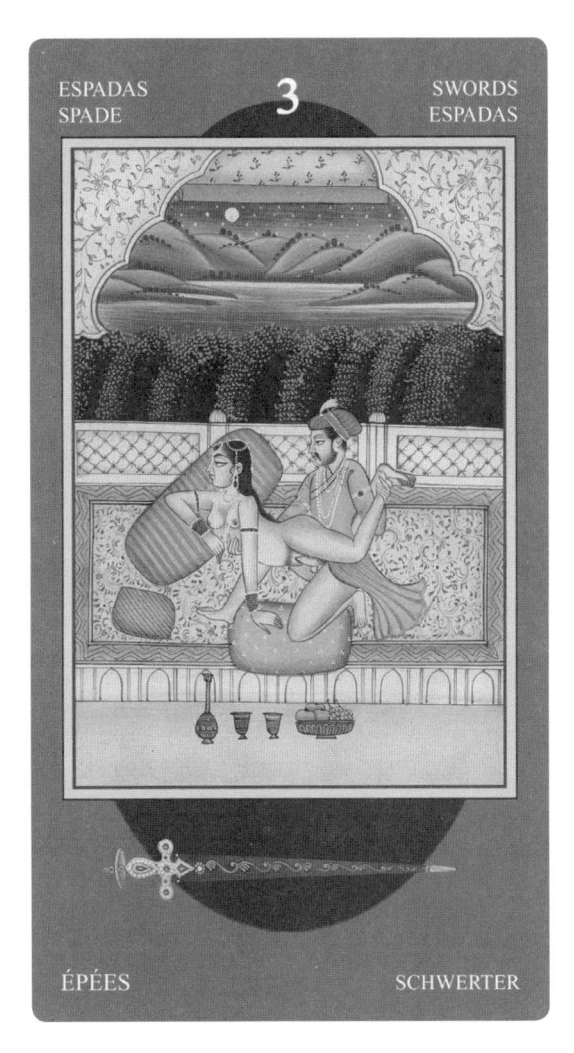

3. Traição, desapontamento.

4. *Meditação, contemplação.*

5. Egoísmo, interesse próprio.

6. *Consequências, resultados finais.*

7. Roubo, desonestidade.

8. Restrição, desamparo.

9. *Fobias, frigidez.*

Português 83

10. *Frieza, insensibilidade.*

Pajem. Análise, honestidade.

CAVALEIRO DE ESPADAS   KNIGHT OF SWORDS
CAVALIERE DI SPADE   CABALLO DE ESPADAS

CHEVALIER D'ÉPÉES   RITTER DER SCHWERTER

Cavaleiro. Franqueza, dogmatismo.

Rainha. Sagacidade, percepção.

Português 87

Rei. Intelectualismo, poder verbal.

O Naipe de Copas

Um ou ambos os parceiros sexuais estão ajoelhados ou agachados, com a mulher por cima e o homem em posição mais passiva. Essa disposição ressalta a ascendência do aspecto passivo da sexualidade.

Ás. Emoção, intuição.

2. União, atração.

3. Amizade, comunidade.

4. Tédio, apatia.

5. Perda, arrependimento.

6. Boa vontade, serventia.

7. *Ilusões, fantasias.*

8. Cansaço, necessidade.

9. Satisfação, sensualidade.

10. Alegria, regozijo.

PAJEM DE COPAS — KNAVE OF CHALICES
FANTE DI COPPE — SOTA DE COPAS

VALET DE COUPES — BUBE DER KELCHE

Pajem. Emocionalidade, intimidade.

Cavaleiro. Romantismo, introversão.

RAINHA DE COPAS QUEEN OF CHALICES
REGINA DI COPPE REINA DE COPAS

REINE DE COUPES KÖNIGIN DER KELCHE

Rainha. Nutrimento, sensibilidade.

Rei. Calma, imparcialidade.

English

Kama Sutra Tarot

The Kama Sutra

Many Westerners will be unfamiliar with the history or culture that produced the Kama Sutra. Most, however, will recognize the work as "that old, racy book about sexual positions." This description is in many ways warranted... but it is also incomplete.

The origins of the Kama Sutra (which, translated literally, means "a textbook of desire") are uncertain. The book is generally attributed to Yatsyayana, who is believed to have lived during the culturally and religiously enlightened Gupta dynasty (between the fourth and sixth centuries). The Kama Sutra does not, however, originate with Yatsyayana, as it is actually a commentary on and an abridgement of a number of older texts detailing the Kama Shastra, or "love sciences."

The Kama Sutra's thirty-five chapters cover a broad range of topics, including:

– The role of romantic love in the lives of men and women
– The mechanics of sexual intercourse, from kissing and foreplay to the well-known list of sixty-four sexual positions
– The process of finding and courting a wife
– The rules governing how wives should conduct themselves
– The business of seducing the wives of others
– The work of courtesans, or professional escorts
– The secrets of attracting suitors and mates

Western cultures obsess on sexual themes but frown on sexual expression. The Kama Sutra, though, reflecting its origins in ancient Indian culture, celebrates sexuality. Within the norms of its day, the Kama Sutra embraces sexuality as a path to bliss and enhanced awareness.

The Tarot

The Tarot is, generally speaking, a deck of cards containing twenty-two Major Arcana cards (regarded as more powerful or important than the other cards) and fifty-six Minor Arcana cards, divided into four suits. Within each suit there are pip cards, numbered from Ace to 10, and four court cards (usually some variant of Page, Knight, Queen, and King).

The occult enthusiasts of the nineteenth and twentieth centuries obsessed on fanciful theories of Egyptian origin. In the twenty-first century, though, many scholars, Tarot authors, and Tarot readers have adopted a rigid, no-nonsense approach to the deck. The tenets of this new "secular documentarianism" hold that:

– the Tarot, though its illustrations incorporate references to religion, mythology, and alchemy, was created as nothing more than a simple card game, most likely in fifteenth-century Italy

– modern Tarot is better used for self-analysis and insight generation than for prediction and magick

– all talk of Tarot as a powerful tool for personal transformation and soul work is misguided (at best) or deceptive (at worst).

At least at this point, the weight of all physical evidence is clearly on the side of the documentarians. Even so, many Tarot users, especially after years of working with the cards, insist the deck's uncanny ability to reveal secrets, reflect thoughts, and (dare we say it?) predict the future tells them the Tarot must be more than a fancy poker deck mistaken for a metaphysical tool.

We suspect that most people deeply and passionately attracted to Tarot were not called to it on the basis of its status as a historical artifact. With this in mind, we are delighted to present the Kama Sutra Tarot as a powerful tool for reflection, divination, and sex magick.

The Kama Sutra Tarot

Purpose. The Kama Sutra Tarot combines the erotic intelligence of the world's best-known work on the art of love making with the structure and mysticism of Tarot. The deck seeks to reconnect its users with a rich tradition of sexual intercourse as a path to bliss and enlightenment.

Design. When the deck was originally commissioned, the first impulse was to associate one card with each of the Kama Sutra's famous sexual positions. Ultimately, though, this approach proved fruitless. The Kama Sutra details sixty-four positions, the Tarot contains seventy-eight cards, and there was no clear way to relate the two without disrespecting one tradition or the other.

Instead, Indian artists were commissioned to create a series of authentic images in the style and character frequently found in illustrated versions of the Kama Sutra. Twenty-two of these images were selected, adapted, and related to the twenty-two Major Arcana of the Tarot. Fifty-six were organized into four suits, and then related to the divinatory meanings popularly assigned to the Minor Arcana.

Artwork. The artwork for this deck poses at least three challenges to Westerners:

– The illustrations depict graphic sexual acts. Especially in American society, frank depiction of breasts, the vagina, the penis, and the anus is rarely encountered except in the context of pornography. Our intention in creating this deck, however, is not to be prurient or lascivious. The Kama Sutra is, at its core, a technical manual of human sexual possibilities. To obscure or censor the details would contradict the spirit of the work.

– The illustrations reflect authentic fourth- and fifth-century attitudes toward gender and sex. Schooled by the twentieth century's Western obsession with equality at all costs, many viewers will (at least in public) object to any sexual activity or position that appears painful or submissive. Readers are reminded that human sexual activity spans a spectrum that may not always correspond with Western expectations of equality and mutuality.

– **The illustrations reward careful study.** To Western eyes, the images in this deck will appear repetitive; many will complain the cards are too similar to be useful as divinatory tools. One must remember, however, that the "devil is in the details." The placement of a foot, the angle of a hand, the direction of a glance – these subtleties speak volumes for those who are patient and studious enough to pursue them.

Working With The Kama Sutra Tarot

As a Tool for Enlightenment. Used deliberately as a tool for conscious choice, the Kama Sutra deck illuminates what is, perhaps, the most pleasurable path to spiritual enlightenment. For those interested in the magickal and transformative aspects of sexuality, it offers a wealth of instruction and insight.

Approaching this deck as a mere party game – drawing cards and attempting the sexual act depicted – will quickly prove both painful and unsatisfying. Instead, you are encouraged to meditate on the dynamic expression suggested by each act you witness.

What exchange of energy is captured by the pose? What story is being told? Is its theme creation or destruction? Unity or division? What would the ability to experience pleasure in such a position suggest about the age, the suppleness, or the dedication of the partners? How might their emotional, mental, or physical states suggest actions or attitudes you should adopt as you meet challenges of your own?

As a Tool for Divination. The Kama Sutra deck does not support or reward "divination on demand." You should interact with the deck only when you have adequate time and energy to do so.

Step One: Preparation

A divinatory session should be a sensual experience. Dim the lights. Light candles. Scent the air. Bath and perfume yourself. You are encouraged to use this deck naked, symbolizing your purity and vulnerability.

Shuffle the deck thoroughly. Do not hurry. Consider shuffling the deck to be an act of metaphysical foreplay – after all, in a very real and mystical sense, you are caressing the entire Universe. Finally, with great gentleness, square the deck into a rigid, upright monolith of cards (symbolizing the penis) and separate it into two equal halves (symbolizing the open vagina).

Step Two: Creation

Bring the cards together again, symbolizing sexual intercourse.

At this point, you must choose a spread, or layout, of cards. This spread, the metaphysical offspring of your interaction with the deck, will provide you with startling insights. While you may create your own spreads, we recommend one specifically designed for the Kama Sutra Tarot.

The Kama Sutra Spread

If you are **male,** arrange these cards in a simple upright line, symbolizing the erect penis, with Card One at the base and Card Six at the tip.

If you are **female,** arrange these cards in a rough oval, symbolic of the vaginal opening. With cards arranged clockwise, Card One will be at the base, Cards Two and Three on the left, Card Four at the top, and Cards Five and Six on the right.

Positional names for this spread are based on Kama Sutra terms used to describe various sexual activities and positions.

– Card **One** represents **The Pressing**: the energy underlying your current situation.

– Card **Two** represents **The Twining**: how that energy manifests in your life.

– Card **Three** represents **The Clasping**: what people or events are drawn toward you.

– Card **Four** represents **The Rising**: what will ultimately happen.

– Card **Five** represents **The Lotus**: your experience of that outcome, good or bad.

– Card **Six** represents **The Congress**: what you will learn as a result.

Step Three: Interpretation

You are encouraged to study each card, experience its energy and subtle message first-hand, and draw your own conclusions as to the message the card has for you.

That said, the following guide to card meanings may help you interpret your reading and will aid beginners in recognizing the subtle differences among the cards themselves.

The Major Arcana
0. The Fool. Innocence.
I. The Magician. Experience.
II. The Priestess. Virginity.
III. The Empress. Productivity.
IV. The Emperor. Control.
V. The Hierophant. Guidance.
VI. The Lovers. Attraction.
VII. The Chariot. Progress.
VIII. Justice. Right action.
IX. The Hermit. Wisdom.
X. The Wheel. Chance.
XI. Strength. Discipline.
XII. The Hanged Man. Impotence.
XIII. Death. Orgasm, conclusion.
XIV. Temperance. Moderation.
XV. Devil. Taboos.
XVI. The Tower. Destruction.
XVII. The Star. Hopes.
XVIII. The Moon. Fantasies.
XIX. The Sun. Realities.
XX. Judgement. Discernment.
XXI. The World. Completeness.

The Minor Arcana

The Suit of Wands. One or both sexual partners are in a vertical position. The upright body signifies a wand, or *linga*, the phallic male symbol of desire and creation -- the theme of the suit of Wands.

Ace. Creativity, masculine energy.
2. Authority, mutuality
3. Cooperation, virtue
4. Celebration, freedom
5. Disagreement, conflict
6. Victory
7. Aggression
8. Speed, swiftness
9. Defensiveness, reliance
10. Burden, over-extension
Knave. Enthusiasm, confidence
Knight. Charm, cockiness
Queen. Attraction, dedication
King. Inspiration, charisma

The Suit of Cups. One or both partners are kneeling or crouching, with the female in the superior and the male in the more passive position. This arrangement stresses the ascendancy of the passive aspect of sexuality.

Ace. Emotion, intuition
2. Union, attraction
3. Friendship, community
4. Boredom, apathy
5. Loss, regret
6. Goodwill, service
7. Illusions, fantasies
8. Weariness, need
9. Satisfaction, sensuality
10. Joy, happiness
Knave. Emotionalism, intimacy
Knight. Romanticism, introversion
Queen. Nurturing, sensitivity
King. Calmness, even-handedness

The Suit of Swords. Cards in the suit of Swords depict one or both partners kneeling or crouching, with the male in the superior and the female in the more passive position. This arrangement stresses the ascendancy of the aggressive, aspect of sexuality.

Ace. Logic, thought
2. Distraction, debate
3. Betrayal, disappointment
4. Meditation, contemplation
5. Selfishness, self-interest
6. Consequences, end results
7. Theft, dishonesty
8. Restriction, helplessness
9. Phobias, frigidity
10. Coldness, heartlessness
Knave. Analysis, honesty
Knight. Bluntness, dogmatism
Queen. Wit, insight
King. Intellectualism, verbal prowess

The Suit of Coins. In the suit of coins, both sexual partners lie prone on the ground. The horizontal posture suggests the flat, passive expanse of the earth element.

Ace. Growth, prosperity
2. Change, fluctuation
3. Teamwork, effort
4. Power, preservation
5. Loss, poverty
6. Charity, success
7. Melancholy, failure
8. Work, prudence
9. Gain, training
10. Luxury, abundance
Knave. Practicality, prosperity
Knight. Stubbornness, caution
Queen. Resourcefulness, versatility
King. Entrepreneurship, reliability

Step Four: Completion

If your divination reveals a future you wish to avoid, extinguish all candles and take a ritual bath, cleansing yourself of the reading's energy.

If your divination reveals a future you wish to embrace, consider sealing the session with a tender, creative act: from slow masturbation to sex with a willing partner. At the point of orgasm, picture the outcome you wish to experience and channel the energy of the orgasm as a means of manifesting your desires.

Warning: Attempts to manipulate others directly stray into the realm of black magic, and are to be avoided. Examine your desires and motivations carefully before using sexual magic to attempt manifestation.

When finished with the cards, wrap them reverently in silk or other natural cloth and store them in a box of wood, paper, or metal. Restrict their use to questions of a personal or sexual nature, and you will find that this deck, over time, evolves into an intimate companion brimming with trustworthy advice and remarkable insight.

Italiano

Tarocchi del Kamasutra

Il Kamasutra

Molti occidentali, pur non avendo una conoscenza approfondita della storia e della cultura che hanno prodotto il Kamasutra, identificheranno comunque l'opera come "quello strano vecchio libro sulle posizioni sessuali". Una descrizione senza dubbio pertinente, ma allo stesso tempo incompleta.

Le origini del Kamasutra (parola che tradotta letteralmente significa "Aforismi d'Amore") sono incerte. Il libro viene comunemente attribuito a Vatsyayana, che visse tra il quarto e il sesto secolo. Fu questo un periodo caratterizzato dal regno illuminato della dinastia Gupta, profondamente religiosa e colta. Tuttavia è quasi certo che il Kamasutra non abbia origine con Vatsyayana, ma che sia piuttosto una raccolta e una sintesi di diversi testi più antichi, tutti aventi come tema comune il Kama Shastra, ovvero le "scienze amorose".

I trentacinque capitoli del Kamasutra abbracciano un numero molto vasto di argomenti, tra i quali:
– Il ruolo dell'amore romantico nella vita dell'uomo e della donna.
– Le tecniche e le regole del rapporto sessuale, dal bacio e i preliminari, alla famosa lista delle sessantaquattro posizioni sessuali.
– Come trovare e corteggiare una moglie.
– Le regole che stabiliscono il corretto comportamento di una moglie.
– Come sedurre le mogli altrui.
– Le arti delle cortigiane o delle prostitute.
– I segreti per attrarre pretendenti e compagni.

La cultura occidentale, pur essendo ossessionata dal sesso, spesso ne disapprova le espressioni. Il Kamasutra, al contrario, riflettendo le proprie origini nell'antica cultura indiana, celebra la sessualità. All'interno delle norme della propria epoca, il Kamasutra abbraccia il sesso in tutte le sue forme come un percorso per raggiungere la beatitudine e una maggiore consapevolezza.

I Tarocchi

I Tarocchi sono, in generale, un mazzo di carte composto da ventidue Arcani Maggiori (considerati più importanti rispetto alle altre carte) e 56 Arcani Minori, divisi in quattro semi. Ogni seme include le carte numerali (dall'asso al dieci) e le quattro carte di Corte (di solito Fante, Cavaliere, Regina, Re).

Gli appassionati di occultismo nel diciannovesimo e ventesimo secolo erano affascinati da teorie che attribuivano ai Tarocchi un'origine egiziana. Nel secolo successivo, tuttavia, molti studiosi, autori e praticanti di Tarocchi hanno preferito adottare un approccio più rigido e pratico. Questo metodo "secolare documentaristico" ritiene che:

– i Tarocchi, malgrado la loro iconografia faccia riferimento alla religione, alla mitologia e all'alchimia, furono creati presumibilmente nell'Italia del Quattrocento come semplice mazzo di carte da gioco.

– i Tarocchi moderni vengono normalmente usati come strumenti di auto-analisi, come catalizzatori di ispirazione e meditazione piuttosto che come mezzi per predire il futuro o praticare la magia.

– tutte le voci che riguardano i Tarocchi come potente strumento di trasformazione personale o di lavoro sull'anima sono nella migliore delle ipotesi mal dirette e nella peggiore truffaldine.

Sebbene, però, fino a oggi, tutte le prove siano chiaramente a favore di quest'ottica documentaristica, molti appassionati di Tarocchi, specialmente dopo anni di esperienza con le carte, insistono nel far notare la straordinaria capacità di un mazzo di rivelare segreti, riflettere pensieri e (si può dire?) predire gli eventi. Questa, per loro, è la prova che i Tarocchi sono più che un semplice mazzo di carte con ambizioni di strumento metafisico.

Noi riteniamo che la maggior parte degli appassionati, profondamente affascinati dai Tarocchi, non ne siano attratti in quanto reperti storici. Senza dimenticare questo aspetto, comunque, vorremmo presentarvi i Tarocchi del Kamasutra come efficace strumento per la riflessione, la divinazione e la magia sessuale.

I Tarocchi del Kamasutra

Finalità. I Tarocchi del Kamasutra combinano le conoscenze sull'erotismo contenute nella più importante opera sull'arte dell'amore mai scritta con la struttura e il misticismo dei Tarocchi. Questo mazzo cerca di riavvicinare quanti ne faranno uso a una ricca tradizione che vede il rapporto sessuale come un sentiero verso l'estasi e l'illuminazione.

Struttura. Quando il mazzo venne originariamente commissionato, il primo impulso fu di associare ciascuna carta a una delle famose posizioni sessuali del Kamasutra. Tuttavia questo approccio si rivelò infruttuoso vista l'impossibilità di associare sessantaquattro posizioni a settantotto carte senza snaturare una tradizione o l'altra.

Si contattarono, allora, alcuni artisti indiani per creare una serie di immagini dallo stile originale che raffigurassero i personaggi comunemente legati alle illustrazioni del Kamasutra. Da oltre 150 immagini, suddivise per tema e per significato, venne poi composto il mazzo nel rispetto della struttura tradizionale dei Tarocchi.

Immagini. Le immagini presenti in questo mazzo pongono almeno tre sfide per la cultura occidentale.

– Le immagini raffigurano atti sessuali espliciti. Specialmente in alcune società più conformiste, la raffigurazione esplicita del seno, della vagina, del pene o dell'ano è raramente accettata fuori da un contesto pornografico. Il nostro intento nella creazione del mazzo, tuttavia, non è quello di essere né provocanti né lascivi. Il Kamasutra, nella sua sostanza, rimane un manuale tecnico sulle possibilità sessuali umane. Celare o censurare i dettagli sarebbe stato in contrasto con lo spirito e il significato di quest'opera.

- **Le immagini riflettono gli atteggiamenti tipici del quarto o quinto secolo indiano nei confronti dell'attività sessuale e del genere del partner.** Molti lettori, condizionati dai movimenti del secolo scorso per l'uguaglianza assoluta, vi vedranno – e probabilmente deploreranno – attività sessuali o posizioni che appaiono dolorose o di sottomissione. Ricordiamo quindi ai lettori che l'attività sessuale umana abbraccia un arco più ampio di quello contemplato dalla cultura occidentale e dalle conquiste nella parità tra i sessi.

- **Le immagini ricompensano lo studio e l'osservazione attenta.** Agli occhi occidentali queste immagini potranno sembrare ripetitive fino al punto di rischiare di compromettere l'utilizzo del mazzo come strumento divinatorio. Si dice tuttavia che "il diavolo si nasconde nei dettagli". La posizione di un piede, l'angolo di una mano, la direzione di uno sguardo... tutti questi particolari conferiscono una grande personalità a ciascuna carta, che si evidenzierà a quanti saranno abbastanza pazienti per avvicinarvisi.

Lavorare con i Tarocchi del Kamasutra

Come Strumenti per l'Illuminazione. Usati deliberatamente come strumento per la scelta cosciente, i Tarocchi del Kamasutra illuminano quello che è, forse, il più piacevole percorso verso l'arricchimento spirituale. A quanti sono interessati agli aspetti magici e trasformativi della sessualità, offrono una ricchezza di istruzioni ed intuizioni cha ha pochi paragoni.

Cercare di prendere questo mazzo come un gioco – pescare una carta e riprodurre la posizione raffigurata – si dimostrerà presto sia doloroso che frustrante. Al contrario vorremmo incoraggiare a meditare sull'espressione dinamica che vi viene suggerita dall'immagine.

Quale scambio di energia è catturato dalla posa? Quale storia ci viene narrata? Il tema trattato è la creazione o la distruzione? Di unità o di frattura? Che cosa vi suggerisce la capacità di provare piacere in una data posizione, in termini di età, dedizione e rapporto con il partner? Come potrebbero quegli stati emotivi, mentali e fisici suggerire azioni o atteggiamenti relativi alle sfide che avete di fronte?

Come Strumenti per la Divinazione. Il mazzo del Kamasutra non è probabilmente un mazzo adatto a tutti i giorni. È più opportuno, invece, interagire con il mazzo solo quando si hanno energia, tempo e predisposizione per affrontarlo al meglio.

Primo passo: la Preparazione

Una sessione divinatoria dovrebbe essere un'esperienza sensuale. Affievolite le luci, accendete delle candele, lavatevi e profumatevi. Potreste usare questo mazzo nudi, per simboleggiare la vostra purezza e la vostra vulnerabilità.

Mischiate il mazzo a lungo e senza affrettarvi. Immaginate che mischiare le carte sia una sorta di preliminare metafisico, come se – e da un punto di vista mistico è davvero così – steste carezzando l'universo intero.

Infine, con grande gentilezza, raccogliete le carte in un unico mazzo compatto ed eretto per simboleggiare il pene, quindi dividetelo in due metà uguali, per simboleggiare la vagina.

Secondo passo: la Creazione

Riunite le carte, per simboleggiare l'unione.

A questo punto occorre scegliere una disposizione per le carte. La stesa, figlia metafisica del vostro rapporto con le carte, vi concederà fortissime esperienze intuitive. Potete utilizzare qualunque stesa voi conosciate, ma ci permettiamo di suggerirne una creata appositamente per i Tarocchi del Kamasutra.

La Stesa del Kamasutra

Se siete **maschio**, disponete le carte in una singola linea diritta, per simboleggiare il pene, con la carta uno alla base e la carta sei in alto.

Se siete **femmina**, disponete le carte in forma ovale, per rappresentare la vagina, procedendo in senso orario a partire dalla base. Si vedano le figure a pagina 2.

I nomi delle posizioni per questa stesa sono legati ai termini propri del Kamasutra, riferiti alle varie attività sessuali e posizioni.
– La carta **uno** rappresenta **la posizione premente:** l'energia che sottende la vostra situazione presente.
– La carta **due** rappresenta **la posizione allacciante:** come questa energia si manifesta nella vostra vita.
– La carta **tre** rappresenta **la posizione avvolgente:** quale genere di persone e di eventi sono attirati da voi.
– La carta **quattro** rappresenta **la posizione ascendente:** cosa potrebbe accadere.
– La carta **cinque** rappresenta **la posizione lotiforme:** la vostra esperienza di quel che accadrà, nel bene e nel male.
– La carta **sei** rappresenta **il congresso carnale:** quello che ne apprenderete come risultato.

Terzo passo: l'Interpretazione

Siete incoraggiati a studiare ciascuna carta, a sperimentarne l'energia e i suoi messaggi sottili in prima persona, nonché a trarre le vostre conclusioni sul messaggio che la carta contiene.
Detto questo, la seguente guida ai significati delle carte vi può servire come punto di riferimento e come aiuto per i principianti nel riconoscere l'identità di ogni carta e del suo significato.

Gli Arcani Maggiori
0. Il Matto. Innocenza.
I. Il Mago. Esperienza.
II. La Papessa. Verginità.
III. L'Imperatrice. Produttività.
IV. L'Imperatore. Controllo.
V. Il Papa. Guida.
VI. Gli Amanti. Attrazione.
VII. Il Carro. Progresso.
VIII. La Giustizia. Il modo giusto.
IX. L'Eremita. Saggezza.
X. La Ruota. Il caso.
XI. La Forza. Disciplina.

XII. L'Appeso. Impotenza.
XIII. La Morte. Orgasmo, conclusione.
XIV. La Temperanza. Moderazione.
XV. Il Diavolo. Tabù.
XVI. La Torre. Distruzione.
XVII. Le Stelle. Speranza.
XVIII. La Luna. Fantasie.
XIX. Il Sole. Realtà.
XX. Il Giudizio. Discernimento.
XXI. Il Mondo. Completezza.

Gli Arcani Minori

Il Seme di Bastoni. Uno o entrambi i partner sono in posizione verticale. Il corpo eretto indica un bastone, o *linga*, il simbolo fallico maschile del desiderio e della creazione.
Asso. Creatività, energia maschile.
2. Autorità, mutualità.
3. Cooperazione, virtù.
4. Celebrazione, libertà.
5. Disaccordo, conflitto.
6. Vittoria.
7. Aggressione
8. Velocità, celerità.
9. Prudenza, affidabilità.
10. Carico, affaticamento.
Fante. Entusiasmo, sicurezza.
Cavaliere. Fascino, testardaggine.
Regina. Attrazione, devozione.
Re. Ispirazione, carisma.

Il Seme di Coppe. Uno o entrambi i partner sono inginocchiati o seduti, con la donna in posizione superiore e l'uomo in posizione passiva. Queste posizioni evidenziano l'ascendente degli aspetti passivi e ricettivi della sessualità.
Asso. Emozione, intuizione.
2. Unione, attrazione.
3. Amicizia, comunione.

4. Noia, apatia.
5. Perdita, rimorso.
6. Buona fede, servizio.
7. Illusioni, fantasie.
8. Stanchezza, bisogno.
9. Soddisfazione, sensualità.
10. Gioia, felicità.
Fante. Emotività, intimità.
Cavaliere. Romanticismo, introversione.
Regina. Senso materno, sensibilità.
Re. Calma, equità.

Il Seme di Spade. Le carte nel seme di Spade mostrano uno o entrambi i partner inginocchiati o seduti, con l'uomo in posizione superiore e la donna nella posizione inferiore o passiva. Queste posizioni evidenziano l'ascendente degli aspetti aggressivi e attivi della sessualità.

Asso. Logica, pensiero.
2. Distrazione, dibattito.
3. Tradimento, disappunto.
4. Meditazione, contemplazione.
5. Egoismo, egocentrismo.
6. Conseguenze, risultati finali.
7. Furto, disonestà.
8. Vincoli, vulnerabilità.
9. Fobie, frigidità.
10. Freddezza, calcolo.
Fante. Analisi, onestà.
Cavaliere. Franchezza, dogmatismo.
Regina. Brillantezza, intuizione.
Re. Intellettualità, dialettica.

Il Seme di Denari. Nel seme di Denari entrambi i partner giacciono proni sul terreno. La posizione orizzontale suggerisce l'uniforme, passiva solidità dell'elemento terra.

Asso. Crescita, prosperità.
2. Cambio, fluttuazione.

3. Gioco di squadra, sforzo.
4. Potere, preservarsi.
5. Perdita, povertà.
6. Carità, successo.
7. Melanconia, fallimento.
8. Lavoro, prudenza.
9. Guadagno, addestramento.
10. Lusso, abbondanza.
Fante. Senso pratico, prosperità.
Cavaliere. Testardaggine, cautela.
Regina. Risorse, versatilità.
Re. Iniziativa, professionalità.

Quarto passo: la Conclusione

Se la vostra divinazione mostra un futuro che desiderate evitare, spegnete tutte le candele e fate un bagno rituale, per purificarvi dalle energie della lettura.

Se invece la divinazione mostra un futuro che desiderate abbracciare, considerate di concludere la sessione con un atto di tenerezza creativa: da una lenta masturbazione fino al fare l'amore con il partner.

Attenzione: ogni tentativo per manipolare gli altri conduce pericolosamente verso l'idea della magia nera, e deve essere evitato. Esaminate con cura i vostri desideri e le vostre motivazioni prima di usare la magia sessuale per alterare la realtà.

Quando avete finito con le carte, avvolgetele con riverenza in una panno di seta o di altro materiale naturale, quindi custoditele in una scatola di legno, carta o metallo. Limitatene l'uso per questioni di carattere intimo o di natura sessuale e vedrete il vostro rapporto con questo mazzo evolvere nel tempo, verso un'affinità sempre maggiore, ricca di consigli affidabili e continue intuizioni.

Español

Tarot del Kamasutra

El Kamasutra

Muchos occidentales, aun sin conocer en profundidad la historia y cultura que han inspirado el Kamasutra, definirán lo mismo esta obra como "ese raro y viejo libro sobre las posiciones sexuales". Sin duda una descripción pertinente, pero también incompleta.

Los orígenes del Kamasutra (palabra que literalmente significa "Aforismos de Amor") son dudosos. Normalmente se le atribuye al sabio Vatsyayana, que vivió entre el cuarto y el sexto siglo, periodo éste de la historia caracterizado por el acertado reinado de la dinastía Gupta, profundamente religiosa y culta. Sin embargo es casi seguro que el Kamasutra no tenga origen con Vatsyayana, sino que se trate más bien de una colección y síntesis de diferentes textos más antiguos, cuyo tema común era el Kama Shastra o el "arte de amar".

Los treinta y cinco capítulos del Kamasutra abarcan un número muy vasto de temas, entre los que destacan:
– El papel del amor romántico en la vida del hombre y la mujer.
– Técnicas y normas de la relación sexual, desde el beso y sus preliminares hasta la famosa lista de sesenta y cuatro posiciones sexuales.
– Cómo encontrar y enamorar a una esposa.
– Normas para el buen comportamiento de una esposa.
– Cómo seducir a las mujeres de los demás.
– El arte de las cortesanas o prostitutas.
– Secretos para atraer a pretendientes y amantes.

La cultura occidental vive obsesionada por el sexo y sin embargo a menudo desaprueba su expresión. El Kamasutra, por el contrario, ensalza la sexualidad reflejando en ella su origen en la antigua cultura india. Dentro de las normas de aquella época, el Kamasutra toca el sexo en todas sus formas como un recorrido para alcanzar la beatitud y un mayor estado de conciencia.

El Tarot

En general, el Tarot es una baraja de cartas compuesta por veintidós Arcanos Mayores (considerados más importantes que las otras cartas) y 56 Arcanos Menores, divididos en cuatro palos. Cada palo incluye cartas de número (del as al diez) y cuatro cartas de Figura (normalmente Sota, Caballo, Reina, Rey).

Los apasionados de ocultismo de los siglos XIX y XX seguían con entusiasmo teorías que atribuían al Tarot un origen egipcio. En la segunda mitad del siglo XX, sin embargo, muchos estudiosos, autores y practicantes de Tarot prefirieron darle un tono un tanto más rígido y práctico, siguiendo un método "laico documental" que cree que:

– el Tarot, a pesar de poseer una iconografía con referencias a la religión, mitología y alquimia, se presume que fue creado en el siglo XV en Italia como simple baraja de cartas de juego.

– el Tarot moderno se usa generalmente como herramienta de autoanálisis y catalizador de inspiración y meditación, más que como medio para predecir el futuro o practicar la magia.

– cualquier creencia que considere el Tarot como poderosa herramienta de transformación personal o del alma es, en el mejor de los casos, engañosa, y en el peor, un mero fraude.

Aunque hasta hoy todas las pruebas estén más a favor de esta perspectiva documental, muchos apasionados de Tarot – sobre todo tras años de experiencia con las cartas – coinciden en reconocerle a esta baraja una extraordinaria capacidad para revelar secretos, reflejar pensamientos y – ¿se puede decir? – predecir acontecimientos. Para ellos, ésta es la prueba de que el Tarot es más que una simple baraja de cartas con ambiciones de herramienta metafísica.

Nosotros creemos que la mayor parte de los apasionados de Tarot, no se sienten atraídos por su calidad de resto histórico. Sin olvidar este aspecto, aquí queremos presentaros el Tarot del Kamasutra como una herramienta eficaz para la reflexión, adivinación y magia sexual.

Tarot del Kamasutra

Finalidad. El Tarot del Kamasutra combina el saber sobre el erotismo de una de las obras más importantes que jamás se han escrito, con la estructura y el misticismo del Tarot. Esta baraja intenta acercar a quienes la usan a una rica tradición que considera el acto sexual como un camino hacia el éxtasis y la iluminación.

Estructura. Cuando nos encargaron esta baraja, el primer impulso fue el de hacer corresponder cada carta con las famosas posiciones sexuales del Kamasutra. Decisión que, sin embargo, resultó infructuosa ante la imposibilidad de asociar sesenta y cuatro posiciones a setenta y ocho cartas sin desnaturalizar una de las dos tradiciones.

Así pues decidimos ponernos en contacto con algunos artistas indios para crear toda una serie de imágenes originales que representasen los personajes típicos de las ilustraciones del Kamasutra. Eligiendo entre más de 150 imágenes, subdivididas por tema y significado, se compuso al final una baraja adaptada perfectamente a la estructura tradicional del Tarot.

Imágenes. Las imágenes representadas en esta baraja suponen al menos tres retos para la cultura occidental.

– **Las imágenes representan actos sexuales explícitos.** En algunas sociedades más conformistas, la representación explícita del seno, la vagina, el pene o el ano es difícilmente aceptada si no es dentro de un contexto pornográfico. Nosotros, por nuestra parte, no hemos tenido la intención de ser ni provocadores ni lascivos en la creación de esta baraja. El Kamasutra es sustancialmente un manual técnico sobre las múltiples posibilidades sexuales del hombre. Ocultar o censurar algunos de sus detalles hubiese ido en contra del espíritu y el significado de este libro.

– **Las imágenes reflejan la actitud típica del cuarto o quinto siglo indio sobre la actividad sexual y el género de nuestra pareja.** Muchos lectores, condicionados por las ideas típicas del siglo pasado en cuanto a igualdad absoluta en materia de sexo, verán en esta baraja – y sin duda deplorarán – actos sexuales o posiciones que pueden parecer dolorosas o de sumisión. Queremos recordar al lector que el acto sexual entre humanos abarca una escala mucho más amplia que la contemplada por la cultura occidental y las conquistas logradas en la igualdad de sexo.

– **Las imágenes recompensan el estudio y la observación atenta.** Para los occidentales, estas imágenes pueden parecer repetitivas, lo que puede llevar a comprometer el empleo de la baraja como herramienta de adivinación. Pero como ya se sabe que "el diablo se oculta tras los detalles", la posición de un pie, el ángulo de una mano, la dirección de una mirada... son pormenores que dan gran personalidad a cada carta, la cual se manifestará a quienes tengan suficiente paciencia para llegar a conocerlas.

Uso del Tarot del Kamasutra

Como herramienta de inspiración. Si usado deliberadamente como herramienta de elección consciente, el Tarot del Kamasutra puede inspirar hacia lo que sin duda es un grato camino de enriquecimiento espiritual. A quienes estén más interesados en los aspectos mágicos y transformativos de la sexualidad, ofrecerá una riqueza de instrucciones e intuiciones que no conoce igual.

Usar la baraja simplemente como juego – cogiendo cartas y reproduciendo la posición que aparece – pronto se revelará algo doloroso y frustrante. Por eso, nos gustaría animaros a meditar un rato sobre la expresión dinámica que propone cada imagen.

¿Qué intercambio de energía produce la posición? ¿Qué historia nos cuenta? ¿El tema trata de creación o destrucción? ¿Unidad o fractura? ¿Qué os sugiere el placer que sentís en una determinada posición en cuanto a edad, dedicación y relación con la pareja se refiere? ¿De qué forma estos estados emocionales, mentales y físicos podrían sugerir actos o conductas como los retos que tenéis delante?

Como herramienta de adivinación. La baraja del Kamasutra no es seguramente para usarla todos los días, sino sólo cuando se tenga mayor energía, tiempo y propensión a consultarla de la mejor forma.

Primer paso: Preparación

Una sesión adivinatoria debería ser una experiencia sensual. Aflojad la intensidad de la luz, encended unas velas, lavaros y perfumaros. Podéis usar la baraja desnudos, para simbolizar vuestra pureza y vulnerabilidad.

Barajad bien las cartas, sin prisas. Imaginad que el hecho de barajar las cartas sea una especie de preliminar metafísico; como si estuvieseis acariciando el universo completo, lo que, desde un punto de vista místico, es verdad.

Por último, con suavidad reunid las cartas en un solo montón compacto y erecto, que simbolice el pene, y luego dividilo en dos partes iguales, para simbolizar la vagina.

Segundo paso: Creación

Agrupad los dos montones, simbolizando la unión.

Ahora hay que elegir la disposición de las cartas. La tirada, hija metafísica de vuestra relación con las cartas, os dará fuertes experiencias intuitivas. Podéis seguir cualquiera que conozcáis. Nosotros aquí os sugerimos una, creada especialmente para el Tarot del Kamasutra.

Tirada del Kamasutra

Si sois **hombre**, colocad las cartas formando una sola línea recta vertical, como símbolo del pene, con la primera carta en la base y la última o sexta arriba.

Si sois **mujer**, colocad las cartas en forma oval, representando la vagina, empezando por la base y siguiendo en sentido de las manillas del reloj. Véanse las figuras de página 2.

Los nombres empleados para las posiciones de esta tirada están relacionados con los términos que el Kamasutra ha dado a diferentes actividades y posiciones sexuales.

– La carta **uno** representa **la posición pulsante:** la energía que yace bajo vuestra situación presente.

– La carta **dos** representa **la posición enlazadora:** cómo se manifiesta esta energía en vuestra vida.

– La carta **tres** representa **la posición envolvente:** qué clase de personas o sucesos os atraen.
– La carta **cuatro** representa **la posición ascendente:** qué podría pasar.
– La carta **cinco** representa **la posición del loto:** vuestra experiencia de lo que podría pasar, para bien o para mal.
– La carta **seis** representa **la unión carnal:** lo que aprenderéis de ello como resultado.

Tercer paso: Interpretación

Os animamos a estudiar cada carta, a experimentar su energía y sus mensajes sutiles en primera persona, y también a sacar vuestras propias conclusiones sobre el mensaje que da la carta.

Dicho esto, la siguiente guía de significados puede servir a los principiantes como punto de referencia y ayuda para reconocer la identidad de cada carta y su significado.

Arcanos Mayores
0. El Loco. Inocencia.
I. El Mago. Experiencia.
II. La Sacerdotisa. Virginidad.
III. La Emperatriz. Productividad.
IV. El Emperador. Control.
V. El Papa. Guía.
VI. Los Enamorados. Atracción.
VII. El Carro. Avance.
VIII. La Justicia. La manera correcta.
IX. El Ermitaño. Sabiduría.
X. La Rueda. Azar.
XI. La Fuerza. Disciplina.
XII. El Colgado. Impotencia.
XIII. La Muerte. Orgasmo, conclusión.
XIV. La Templanza. Moderación.
XV. El Diablo. Tabú.
XVI. La Torre. Destrucción.
XVII. La Estrella. Esperanza.
XVIII. La Luna. Fantasías.

XIX. El Sol. Realidad.
XX. El Juicio. Discernimiento.
XXI. El Mundo. Plenitud.

Arcanos Menores

Palo de Bastos. Uno o ambos amantes están de pie. El cuerpo erecto hace referencia a un bastón, o *linga*, símbolo fálico masculino del deseo y la creación.

As. Creatividad, energía masculina.
2. Autoridad, reciprocidad.
3. Cooperación, virtud.
4. Celebración, libertad.
5. Disconformidad, conflicto.
6. Victoria.
7. Agresión
8. Velocidad, prontitud.
9. Prudencia, confianza.
10. Carga, fatiga.
Sota. Entusiasmo, seguridad.
Caballo. Atractivo, obstinación.
Reina. Atracción, devoción.
Rey. Inspiración, carisma.

Palo de Copas. Uno o ambos amantes están arrodillados o sentados, la mujer encima y el hombre debajo en posición pasiva. Estas posturas marcan la preponderancia de los aspectos pasivos y receptivos de la sexualidad.

As. Emoción, intuición.
2. Unión, atracción.
3. Amistad, comunión.
4. Tedio, apatía.
5. Pérdida, remordimiento.
6. Buena fe, servicio.
7. Ilusiones, fantasías.
8. Cansancio, necesidad.
9. Satisfacción, sensualidad.
10. Alegría, felicidad.

Sota. Emotividad, intimidad.
Caballo. Romanticismo, introversión.
Reina. Sentido maternal, sensibilidad.
Rey. Calma, equidad.

Palo de Espadas. Las cartas de este palo muestran a uno o ambos amantes arrodillados o sentados, el hombre encima y la mujer debajo en posición pasiva. Estas posturas marcan la preponderancia de los aspectos activos y agresivos de la sexualidad.
As. Lógica, pensamiento.
2. Distracción, debate.
3. Traición, contrariedad.
4. Meditación, contemplación.
5. Egoísmo, egocentrismo.
6. Consecuencias, resultados finales.
7. Robo, deshonestidad.
8. Ataduras, vulnerabilidad.
9. Fobias, frigidez.
10. Frialdad, cálculo.
Sota. Análisis, honestidad.
Caballo. Franqueza, dogmatismo.
Reina. Brillantez, intuición.
Rey. Intelectualidad, dialéctica.

Palo de Oros. Ambos amantes están tumbados de lado. La posición horizontal sugiere lo uniforme, la solidez pasiva del elemento tierra.
As. Crecimiento, prosperidad.
2. Cambio, fluctuación.
3. Juego de equipo, esfuerzo.
4. Poder, protegerse.
5. Pérdida, pobreza.
6. Caridad, éxito.
7. Melancolía, fracaso.
8. Trabajo, prudencia.
9. Ganancia, adiestramiento.
10. Lujo, abundancia.

Sota. Sentido práctico, prosperidad.
Caballo. Obstinación, cautela.
Reina. Recursos, versatilidad.
Rey. Iniciativa, profesionalidad.

Cuarto paso: Conclusión

Si vuestra adivinación os muestra un futuro que deseáis evitar, apagad todas las velas y daros un baño, para purificaros de las energías de la lectura.

Si, por el contrario, os agrada la perspectiva de vuestro futuro, podéis terminar la sesión con un acto de ternura creativa: desde una lenta masturbación hasta hacer el amor con vuestra pareja.

Atención: cualquier intento de manipular a los demás conduce peligrosamente hacia la idea de la magia negra, y ha de evitarse. Examinad con cuidado vuestros deseos y razones antes de usar la magia sexual para alterar la realidad.

Cuando hayáis terminado de usar las cartas, envolvedlas con respeto en un paño de seda u otro material natural, y guardadlas en una caja de madera, papel o metal. Usadlas exclusivamente para cuestiones íntimas o de carácter sexual; así podréis apreciar que a medida que pasa el tiempo, vuestra relación con ellas cambia, adquirís más afinidad, recibís buenos consejos y continuas intuiciones.

Français

Tarot du Kama-Sutra

Le Kama-Sutra

Ayant une connaissance peu approfondie de l'histoire et de la culture qui ont donné naissance au Kama-Sutra, de nombreux Occidentaux définiront sans aucun doute cette œuvre de "drôle de vieux livre sur les positions sexuelles". Il s'agit là d'une description pertinente, certes, mais quelque peu réductrice.

Les origines du Kama-Sutra (traduit littéralement ce mot signifie "Aphorismes d'Amour") sont assez floues. Ce livre est communément attribué à Vatsyayana qui vécut entre le quatrième et le sixième siècle. Cette époque fut caractérisée par le règne éclairé de la dynastie Gupta, profondément religieuse et cultivée. Cependant des études ont démontré que le Kama-Sutra n'a probablement pas été écrit par Vatsyayana, mais qu'il s'agit plutôt d'un recueil et d'une synthèse de différents ouvrages plus anciens ayant tous comme thème commun le Kama Shastra, c'est à dire les "sciences de l'amour".

Les trente-cinq chapitres du Kama-Sutra embrassent un très grand nombre de sujets, et notamment:

– Le rôle de l'amour romantique dans la vie de l'homme et de la femme.
– Les techniques et les règles du rapport sexuel, du baiser et des préliminaires à la célèbre liste des soixante-quatre positions sexuelles.
– Comment trouver et courtiser une épouse.
– Les règles qui établissent le bon comportement d'une épouse.
– Comment séduire les épouses des autres.
– Les arts des courtisanes ou des prostituées.
– Les secrets pour attirer des prétendants et des partenaires.

Bien qu'obsédée par le sexe, la culture occidentale en désapprouve souvent les expressions. Au contraire, puisant ses origines dans l'ancienne culture indienne, le Kama-Sutra célèbre la sexualité. A travers les normes de son époque, le Kama-Sutra aborde le sexe sous toutes ses formes comme un parcours visant à atteindre la béatitude et une plus grande conscience.

Le Tarot

Le Tarot est en général un jeu de cartes composé de vingt-deux Arcanes Majeurs (considérés plus importants que les autres cartes) et de 56 Arcanes Mineurs, divisés en quatre couleurs. Chaque couleur comprend les cartes numérales (de l'as au dix) et les cartes de Cour (habituellement le Valet, le Chevalier, la Reine, le Roi).

Aux XIXème et XXème siècles, les passionnés d'occultisme étaient fascinés par des théories qui attribuaient au Tarot une origine égyptienne. Mais plus récemment de nombreux experts, auteurs et pratiquants du Tarot ont préféré adopter une approche plus rigide et plus pratique. Cette méthode "séculaire documentaire" s'appuie sur des théories selon lesquelles:

– bien que son iconographie fasse référence à la religion, à la mythologie et à l'alchimie, le Tarot fut très probablement créé en Italie au XVème siècle comme simple jeu de cartes à jouer.

– le Tarot moderne est normalement utilisé comme instrument d'auto-analyse, comme catalyseur d'inspiration et de méditation plutôt que comme moyen pour prédire l'avenir ou pratiquer la magie.

– toutes les approches qui conçoivent le Tarot comme un puissant instrument de transformation personnelle ou de travail sur l'âme sont, dans la meilleure des hypothèses, trompeuses et, dans la pire, une escroquerie.

Cela dit, même si jusqu'à présent toutes les preuves sont clairement en faveur de cette optique documentaire, nombreux sont les passionnés de Tarot, notamment au bout de plusieurs années d'expérience avec les cartes, qui insistent sur l'extraordinaire capacité d'un jeu de révéler des secrets, de refléter des pensées et (oserait-on dire) de prédire les événements. C'est pour eux la preuve que le Tarot est plus qu'un simple jeu de cartes ayant des ambitions d'instrument métaphysique.

Nous croyons que la plupart des passionnés, profondément fascinés par le Tarot, ne sont pas attirés par ce dernier en tant que pièce historique. Sans pour autant négliger cet aspect, vous voudrions toutefois vous présenter le Tarot du Kama-Sutra comme un outil efficace de réflexion, de divination et de magie sexuelle.

Le Tarot du Kama-Sutra

Finalité. Le Tarot du Kama-Sutra mêle les connaissances sur l'érotisme contenues dans la plus importante œuvre sur l'art de l'amour jamais écrite à la structure et au mysticisme du Tarot. Ce jeu a pour but de rapprocher ceux qui en feront usage d'une riche tradition qui considère le rapport sexuel comme un sentier vers l'extase et l'illumination.

Structure. A l'origine, quand le jeu fut commissionné, la première idée fut d'associer chaque carte à l'une des célèbres positions sexuelles du Kama-Sutra. Cette approche s'avéra toutefois infructueuse vu l'impossibilité d'associer soixante-quatre positions à soixante-dix-huit cartes sans dénaturer l'une ou l'autre tradition.

Des artistes indiens furent alors contactés pour créer une série d'images au style original représentant les personnages communément liés aux illustrations du Kama-Sutra. A partir de plus de 150 images, regroupées par thème et par signification, fut alors composé un jeu respectant la structure traditionnelle du Tarot.

Images. Les images présentes dans ce jeu soulèvent au moins trois défis pour la culture occidentale.

– Les images représentent des actes sexuels explicites. Notamment dans certaines sociétés plus conformistes, la représentation explicite des seins, du vagin ou de l'anus est rarement acceptée en dehors d'un contexte pornographique. Toutefois, dans la création du jeu, notre intention n'a été ni celle d'être provocants ni d'être lascifs. Le Kama-Sutra reste fondamentalement un manuel technique sur les possibilités sexuelles humaines. Cacher ou censurer les détails aurait été en contradiction avec l'esprit et la signification de l'œuvre.

– **Les images reflètent les attitudes typiques du quatrième ou du cinquième siècle indien vis à vis de l'activité sexuelle et du sexe du partenaire.** De nombreux lecteurs, conditionnés par les mouvements du siècle dernier pour l'égalité absolue, y verront – et déploreront probablement – des activités sexuelles ou des positions qui semblent douloureuses ou de soumission. Rappelons donc aux lecteurs que l'activité sexuelle humaine embrasse un éventail plus vaste que celui qui est envisagé par la culture occidentale et par les conquêtes dans l'égalité entre les sexes.

– **Les images récompensent l'étude et l'observation attentive.** Aux yeux des Occidentaux, ces images pourront sembler répétitives au point qu'elles risquent de compromettre l'utilisation du jeu comme outil divinatoire. On dit toutefois que "le diable est dans les détails". La position d'un pied, l'angle d'une main, la direction d'un regard... tous ces détails apportent une grande personnalité à chaque carte, qui apparaîtra à ceux qui auront la patience de s'en approcher.

Travailler avec le Tarot du Kama-Sutra

Comme instrument pour l'Illumination. Utilisé délibérément comme outil pour le choix conscient, le Tarot du Kama-Sutra éclaire ce qui est peut-être le parcours le plus agréable vers l'enrichissement spirituel. Il offre à tous ceux qui sont intéressés par les aspects magiques et transformatifs de la sexualité, une richesse d'instructions et d'intuitions sans égale.

Essayez de prendre ce Tarot comme un jeu – tirez une carte et reproduisez la position représentée – elle s'avèrera bientôt aussi douloureuse que frustrante. Or nous souhaiterions vous encourager à méditer sur l'expression dynamique que l'image suggère.

Quel est l'échange d'énergie capturé par cette pose? Quelle est l'histoire qui vous est racontée? Le thème traité est-il la création ou la destruction? D'unité ou de rupture? Que vous suggère la capacité d'éprouver du plaisir dans une position déterminée, en termes d'âge, de dévouement et de rapport avec votre partenaire? Comment ces états émotifs, mentaux et physiques pourraient-ils suggérer des actions ou des attitudes relatives aux défis que vous devez relever?

Comme instrument pour la Divination. Le Tarot du Kama-Sutra n'est certainement pas un jeu à utiliser tous les jours. Au contraire, il est plus indiqué d'interagir avec le jeu uniquement lorsque vous avez des énergies positives, du temps et une certaine prédisposition pour l'affronter au mieux.

Premier pas: la Préparation

Une séance de divination devrait être une expérience sensuelle. Baissez les lumières, allumez des bougies, lavez-vous et parfumez-vous. Vous pourriez utiliser ce jeu nu pour symboliser votre pureté et votre vulnérabilité.

Mélangez le jeu longuement, sans vous presser. Imaginez que le fait de mélanger les cartes est une sorte de préliminaire métaphysique, comme si – et d'un point de vue mystique il en est vraiment ainsi – vous caressiez l'univers entier.

Enfin, avec une grande délicatesse, rassemblez les cartes en un unique jeu compact et bien droit pour symboliser le pénis, puis coupez-le en deux moitiés égales pour symboliser le vagin.

Deuxième pas: la Création

Regroupez les cartes pour symboliser l'union.

Vous devez maintenant choisir une disposition pour les cartes. Celle-ci, fille métaphysique de votre rapport avec les cartes, vous procurera des expériences intuitives très fortes. Vous pouvez utiliser toutes les dispositions que vous connaissez mais nous vous en suggérons une spécialement créée pour le Tarot du Kama-Sutra.

La Disposition du Kama-Sutra

Si vous êtes un **homme**, disposez les cartes sur une seule ligne droite pour symboliser le pénis, la carte un étant placée à la base et la carte six au sommet.

Si vous êtes une **femme**, disposez les cartes en forme ovale pour représenter le vagin, en procédant dans le sens des aiguilles d'une montre à partir de la base. Voir les figures à la page 2.

Les noms des positions relatives à cette disposition sont liés aux termes propres du Kama-Sutra qui se réfèrent aux différentes activités sexuelles et aux différentes positions.

– La carte **un** représente **la position pressante:** l'énergie qui sous-tend votre situation présente.

– La carte **deux** représente **la position liante:** la façon dont cette énergie se manifeste dans votre vie.

– La carte **trois** représente **la position serrante:** le genre de personnes et d'événements qui sont attirés par vous.

– La carte **quatre** représente **la position levante:** ce qui pourrait survenir.

– La carte **cinq** représente **la position du lotus:** votre expérience de ce qui se produira, dans le bien et dans le mal.

– La carte **six** représente **le congrès charnel:** ce que vous obtiendrez comme résultat.

Troisième pas: l'Interprétation

Vous êtes encouragé à étudier chaque carte, à expérimenter personnellement son énergie et ses messages subtils, ainsi qu'à tirer vos conclusions sur le message que la carte contient.

Cela dit, le guide des significations des cartes reporté ci-dessous peut servir de point de référence et d'aide aux débutants pour reconnaître l'identité de chaque carte et de sa signification.

Les Arcanes Majeurs
0. Le Fou. Innocence.
I. Le Bateleur. Expérience.
II. La Papesse. Virginité.
III. L'Impératrice. Productivité.
IV. L'Empereur. Contrôle.
V. Le Pape. Guide.
VI. Les Amants. Attraction.
VII. Le Char. Progrès.

VIII. La Justice. La bonne façon.
IX. L'Ermite. Sagesse.
X. La Roue. Le hasard.
XI. La Force. Discipline.
XII. Le Pendu. Impuissance.
XIII. La Mort. Orgasme, conclusion.
XIV. La Tempérance. Modération.
XV. Le Diable. Tabou.
XVI. La Tour. Destruction.
XVII. Le Etoile. Espoir.
XVIII. La Lune. Fantaisies.
XIX. Le Soleil. Réalité.
XX. Le Jugement. Discernement.
XXI. Le Monde. Achèvement.

Les Arcanes Mineurs

Les Bâtons. L'un ou les deux partenaires sont en position verticale. Le corps bien droit indique un bâton, ou *linga*, le symbole phallique masculin du désir et de la création.

As. Créativité, énergie masculine.
2. Autorité, réciprocité.
3. Coopération, vertu.
4. Célébration, liberté.
5. Désaccord, conflit.
6. Victoire.
7. Agression.
8. Vitesse, célérité.
9. Prudence, fiabilité.
10. Surmenage, fatigue.
Valet. Enthousiasme, sécurité.
Chevalier. Charme, entêtement.
Reine. Attraction, dévouement.
Roi. Inspiration, charisme.

Les Coupes. L'un ou les deux partenaires sont agenouillés ou assis, la femme en position supérieure et l'homme en position passive. Ces positions soulignent l'ascendant des aspects passifs et réceptifs de la sexualité.

As. Emotion, intuition.
2. Union, attraction.
3. Amitié, communion.
4. Ennui, apathie.
5. Perte, remords.
6. Bonne foi, service.
7. Illusions, fantaisies.
8. Fatigue, besoin.
9. Satisfaction, sensualité.
10. Joie, bonheur.
Valet. Emotivité, intimité.
Chevalier. Romantisme, introversion.
Reine. Sens maternel, sensibilité.
Roi. Calme, équité.

Les Epées. Les cartes d'Epées montrent l'un ou les deux partenaires agenouillés ou assis, l'homme en position supérieure et la femme en position inférieure ou passive. Ces positions soulignent l'ascendant des aspects agressifs et actifs de la sexualité.

As. Logique, pensée.
2. Distraction, débat.
3. Trahison, déception.
4. Méditation, contemplation.
5. Egoïsme, égocentrisme.
6. Conséquences, résultats finaux.
7. Vol, malhonnêteté.
8. Contraintes, vulnérabilité.
9. Phobies, frigidité.
10. Froideur, calcul.
Valet. Analyse, honnêteté.
Chevalier. Franchise, dogmatisme.
Reine. Perspicacité, intuition.
Roi. Intellectualité, dialectique.

Les Deniers. Dans les Deniers les deux partenaires sont allongés par terre. La position horizontale suggère la solidité uniforme et passive de l'élément terre.

As. Croissance, prospérité.
2. Changement, fluctuation.
3. Jeu d'équipe, effort.
4. Pouvoir, se préserver.
5. Perte, pauvreté.
6. Charité, succès.
7. Mélancolie, échec.
8. Travail, prudence.
9. Gain, formation.
10. Luxe, abondance.
Valet. Sens pratique, prospérité.
Chevalier. Obstination, précaution.
Reine. Ressources, versatilité.
Roi. Initiative, professionnalisme.

Quatrième pas: la Conclusion

Si votre divination montre un avenir que vous souhaitez éviter, éteignez toutes les bougies et prenez un bain rituel pour vous purifiez des énergies du tirage.

Au contraire, si la divination montre un avenir que vous souhaitez embrasser, terminez la séance par un acte de tendresse créative: à partir d'une lente masturbation jusqu'à faire l'amour avec votre partenaire.

Attention: toute tentative de manipuler les autres conduit dangereusement à l'idée de la magie noire et doit être évitée. Examinez attentivement vos désirs et vos motivations avant d'utiliser la magie sexuelle pour altérer la réalité.

Quand vous en avez fini avec les cartes, enveloppez-les avec révérence dans un morceau de tissu en soie ou d'un autre matériau naturel, puis conservez-les dans une boîte en bois, en carton ou en métal. Limitez leur usage à des questions à caractère intime ou de nature sexuelle et vous verrez que votre rapport avec ce jeu évoluera dans le temps, vers une affinité de plus en plus grande, riche en conseils fiables et en intuitions constantes.

Deutsch

Kamasutra Tarot

Das Kamasutra

Ohne über tief reichende Kenntnis seiner Geschichte und der Kultur, der es entspringt, zu verfügen, halten viele Abendländer das Kamasutra lediglich für "ein eigenartiges, antikes Buch über sexuelle Stellungen". Eine zweifelsohne zutreffende, gleichzeitig aber unvollständige Beschreibung.

Die Ursprünge des Kamasutra (was wörtlich übersetzt "Aphorismen über Liebe" bedeutet) sind ungewiss. Das Buch wird normalerweise *Vatsyayana* zugeschrieben, der zwischen dem vierten und dem sechsten Jahrhundert lebte. Diese Epoche war vom erleuchteten Reich der zutiefst religiösen und kultivierten Gupta-Dynastie gekennzeichnet. Es ist jedoch fast sicher, dass das Kamasutra nicht von *Vatsyayana* stammt, sondern eine Sammlung bzw. eine Zusammenfassung verschiedener älterer Texte ist, die allesamt das Thema des Kama Shastra, der "Liebeskünste", gemein haben.

Die 35 Kapitel des Kamasutra behandeln eine große Anzahl an Themen, wie zum Beispiel:

– Die Rolle der romantischen Liebe im Leben von Mann und Frau.
– Die Techniken und Regeln der sexuellen Beziehungen, vom Kuss und dem Vorspiel bis hin zur berühmten Liste der 64 sexuellen Positionen.
– Wie man eine Ehefrau findet und umwirbt.
– Die Regeln, die das korrekte Verhalten einer Ehefrau beschreiben.
– Wie man die Ehefrauen anderer verführt.
– Die Künste der Kurtisanen oder Prostituierten.
– Die Geheimnisse, um Freier und Gefährten anzulocken.

Obwohl die moderne abendländische Kultur gleichsam vom Sex besessen ist, missbilligt sie oft dessen Ausdrucksformen. Im Gegensatz dazu zelebriert das in der antiken Kultur Indiens wurzelnde Kamasutra die Sexualität geradezu. Das Kamasutra nimmt innerhalb der Regeln seiner Epoche den Sex in allen Erscheinungsformen als eine Art Weg zur Erreichung der Glückseligkeit und eines tieferen Bewusstseins auf.

Das Tarot

Ein Tarot ist ein Kartendeck, das aus 22 Großen Arkana (die im Vergleich zu den anderen Karten von manchen als wichtiger angesehen werden) und 56 Kleinen Arkana besteht, die in vier Farben unterteilt sind. Zu jeder Farbe gehören jeweils die Nummernkarten (vom Ass bis zur Zehn) und die vier Hofkarten (i. d. R. Bube, Ritter, Königin und König).

Im 19. und 20. Jahrhundert waren die Okkultismusanhänger von Theorien fasziniert, die dem Tarot ägyptische Wurzeln zuschrieb. Ab der zweiten Hälfte des 20. Jahrhunderts ziehen viele Wissenschaftler, Autoren und Tarotfreunde jedoch einen strengeren und pragmatischeren Ansatz vor. Diese "säkulare dokumentarische Methode" geht davon aus, dass:

– das Tarot, obwohl seine Ikonographie Verbindungen zu Religion, Mythologie und Alchimie aufweist, wahrscheinlich in Italien im 15. Jahrhundert als einfacher Spielkartensatz entstanden ist.

– die modernen Tarotkarten als ein Hilfsmittel für die Selbstanalyse, als Katalysatoren für Inspiration und Meditation verwendet werden, und weniger als Mittel, um die Zukunft vorauszusagen oder magische Riten zu praktizieren.

– alle Überlegungen, die das Tarot als mächtiges Hilfsmittel zur persönlichen Verwandlung oder zur Beeinflussung der Seele ansehen, im besten Falle irreführend und im schlimmsten Falle betrügerischer Natur sind.

Obwohl bis zum heutigen Tag alle Zeugnisse ganz klar für diese dokumentarische Sichtweise sprechen, beharren viele Tarotbegeisterte – insbesondere nach langjähriger Erfahrung mit den Karten – darauf, dass ein Deck die außergewöhnliche Fähigkeit besitzt, Geheimnisse zu enthüllen, Gedanken widerzuspiegeln und Ereignisse vorauszusagen. Dies ist für sie der Beweis dafür, dass ein Tarot mehr ist als ein einfacher Kartensatz mit metaphysischen Ambitionen. Wir sind der Meinung, dass der Großteil der Begeisterten, die vom Tarot zutiefst fasziniert sind, sich von ihm nicht in seiner Qualität als "historischem Fundstück" angezogen fühlen. Ohne diesen Aspekt zu vergessen, möchten wir Ihnen das Kamasutra Tarot jedoch als ein wirksames Hilfsmittel zum Nachdenken, Weissagen und für die sexuelle Magie präsentieren.

Das Kamasutra Tarot

Zielsetzungen. Das Kamasutra Tarot vereint die im bedeutendsten je verfassten Werk über die Liebeskunst enthaltenen erotischen Kenntnisse mit dem Aufbau und dem Mystizismus des Tarots. Dieses Deck will die Nutzer an eine kostbare Tradition annähern, welche die sexuellen Beziehungen als einen Weg hin zur Ekstase und zur Erleuchtung versteht.

Struktur. Als dieses Deck in Auftrag gegeben wurde, bestand der erste Ansatz in der Verbindung der einzelnen Tarot-Karten mit je einer der berühmten sexuellen Positionen des Kamasutra. Diese Annäherungsweise stellte sich jedoch als erfolglos heraus, da es nicht möglich ist, den 78 Karten 64 Positionen zuzuordnen, ohne eine der beiden Traditionen zu entstellen.

Man nahm daher mit einigen indischen Künstlern Kontakt auf, um eine Reihe von Abbildungen im Originalstil zu schaffen, die die üblicherweise mit den Darstellungen des Kamasutra in Verbindung stehenden Persönlichkeiten verkörpern. Aus über 150 nach Thema und Bedeutung unterteilten Bildern wurde anschließend unter Berücksichtigung der traditionellen Tarotsstruktur das Deck zusammengesetzt.

Abbildungen. Die Abbildungen dieses Decks verkörpern in mindestens dreierlei Hinsicht eine Herausforderung an die westliche Welt:

– **Die Abbildungen stellen explizite sexuelle Akte dar.** Speziell in einigen eher konformistischen Gesellschaften wird die explizite Darstellung der Brust, der Vagina, des Penis oder des

Anus außerhalb eines pornografischen Kontextes kaum akzeptiert. Unsere Absicht bei der Schaffung des Decks war es jedoch, weder provozierend noch lasziv zu sein. Das Kamasutra bleibt in seiner Substanz ein technisches Handbuch zu den sexuellen Möglichkeiten des Menschen. Details zu verbergen oder zu zensieren hätte dem Geist und der Bedeutung dieses Werkes widersprochen.

– **Die Abbildungen spiegeln die in Indien im vierten und fünften Jahrhundert typischen Verhaltensweisen in Bezug auf sexuelle Handlungen und Art des Partners wider.** Viele von den Bewegungen des vergangenen Jahrhunderts zur echten Gleichberechtigung der Geschlechter beeinflusste Leser werden in ihm sexuelle Handlungen oder Stellungen finden, die schmerzhaft oder als eine Art Unterordnung erscheinen – und werden diese wahrscheinlich als solche missbilligen. Wir möchten unsere Leser jedoch daran erinnern, dass das menschliche Sexualverhalten eine größere Anzahl als die in den abendländischen Kulturen und von den Errungenschaften der Gleichberechtigung der Geschlechter beinhalteten Konzepte umschließt.

– **Die Abbildungen erfordern eine aufmerksame Analyse und Betrachtung.** In den Augen eines abendländischen Betrachters können diese Abbildungen derart repetitiv erscheinen, dass sie Gefahr laufen könnten, den Einsatz des Decks als Weissagungshilfsmittel in Frage zu stellen. Doch steckt der Teufel im Detail. Die Stellung eines Fußes, die abgewinkelte Haltung einer Hand, die Richtung eines Blicks... - diese Einzelheiten verleihen jeder einzelnen Karte einen besonderen Charakter, der sich all denjenigen offenbaren wird, die sich den Abbildungen ausreichend geduldig nähern.

Einsatz des Kamasutra Tarots

Als Hilfsmittel für die Erleuchtung. Verwendet man das Kamasutra Tarot gezielt als Hilfsmittel für eine bewusste Entscheidungsfindung, erleuchtet es das, was vielleicht der angenehmste Weg zur spirituellen Bereicherung ist. All denjenigen, die an den magischen und sich wandelnden Aspekten der Sexualität interessiert sind, bietet dieses Tarot eine Vielfalt von Anweisungen und Intuitionen ohne Gleichen. Dieses Deck als ein Spiel aufzufassen – indem man eine Karte zieht und die gezeigte Abbildung nachstellt – wird sich schnell sowohl als schmerzhaft als auch als frustrierend herausstellen. Wir möchten Sie ganz im Gegenteil dazu auffordern, über die dynamischen Aspekte nachzudenken, die Ihnen das Bild suggeriert. Welcher Energieaustausch wird von der Pose festgehalten? Welche Geschichte erzählt sie uns? Ist das behandelte Thema die Schöpfung oder die Zerstörung? Einheit oder Bruch? Was suggeriert Ihnen die Fähigkeit, in einer bestimmten Stellung Lust zu empfinden, im Hinblick auf Ihr Alter, Ihre Hingabe und die Beziehung zu Ihrem Partner? Wie könnten Ihnen diese Gefühls-, Geistes- und Körperzustände Taten oder Einstellungen bezüglich der vor Ihnen liegenden Herausforderungen nahe legen?

Als Hilfsmittel für die Weissagung. Das Kamasutra Deck ist eher nicht für jeden Tag geeignet. Es ist stattdessen angebracht, nur dann mit dem Deck zu interagieren, wenn man die Energie, die Zeit und die richtige Einstellung besitzt, um sich bestmöglich mit ihm auseinanderzusetzen.

1. Schritt: Die Vorbereitung

Eine Weissagungssitzung soll eine sinnliche Erfahrung sein. Dämpfen Sie das Licht, zünden Sie die Kerzen an, waschen und parfümieren Sie sich. Sie könnten dieses Deck auch unbekleidet nutzen, um Ihre Reinheit und Verletzbarkeit zu symbolisieren.

Mischen Sie das Deck ohne Eile. Stellen Sie sich vor, dass das Mischen der Karten eine Art metaphysisches Vorspiel ist, so als ob – und aus mystischer Sicht ist es tatsächlich so – Sie das gesamte Universum liebkosen würden.

Sammeln Sie schließlich alle Karten vorsichtig in einem kompakten, aufrecht gehaltenen Stapel, der den Penis symbolisiert. Unterteilen Sie ihn nun als Verkörperung der Vagina in zwei gleich große Hälften.

2. Schritt: Die Schöpfung

Sammeln Sie nun alle Karten als Symbol der Vereinigung. An diesem Punkt angelangt, wählen Sie ein Legemuster für die Karten aus. Die Auslage, die eine Art metaphysisches "Kind" ihres Verhältnisses zu den Karten ist, wird Ihnen besonders starke intuitive Erfahrungen bescheren. Sie können alle Auslagen nutzen, die Sie kennen, wir möchten Ihnen jedoch ein eigens für das Kamasutra Tarot geschaffenes Legemuster vorschlagen.

Die Kamasutra Auslage

Sind Sie **männlichen Geschlechts,** legen Sie die Karten in einer geraden Linie aus. Diese symbolisiert den Penis, wobei die Karte Nummer eins in der unteren Position und die Karte sechs oben positioniert wird.

Sind Sie **weiblichen Geschlechts,** legen Sie die Karten zur Verkörperung der Vagina in ovaler Form aus. Gehen Sie dabei von der Basis beginnend im Uhrzeigersinn vor.

Ziehen Sie bitte die Abbildungen auf Seite 2 zu Rate.

Die Namen der Positionen für diese Auslage stehen mit den Begriffen des Kamasutra in Verbindung, die sich auf die verschiedenen sexuellen Handlungen und Positionen beziehen.

– Die Karte **Eins** verkörpert **die stoßende Stellung:** Die Energie, die Ihrer momentanen Position zugrunde liegt.

– Die Karte **Zwei** verkörpert **die verknotende Stellung**: Wie diese Energie in Ihrem Leben zum Ausdruck kommt.

– Die Karte **Drei** verkörpert **die einhüllende Stellung:** Welche Art von Menschen und Ereignissen ziehen Sie an.

– Die Karte **Vier** verkörpert **die ansteigende Stellung:** Was geschehen könnte.

– Die Karte **Fünf** verkörpert **die Lotusstellung**: Ihre Erfahrung im Hinblick auf das, was geschehen wird, im Guten wie im Bösen.

– Die Karte **Sechs** verkörpert **den Geschlechtsverkehr, die sexuelle Vereinigung,** das was Sie als Ergebnis daraus lernen werden.

3. Schritt: Die Interpretation

Wir möchten Sie dazu auffordern, jede einzelne Karte genau zu betrachten, ihre Energie und subtilen Botschaften persönlich zu erleben, und Ihre Schlussfolgerungen bezüglich der Botschaft zu ziehen, die die Karte beinhaltet.

Im Anschluss daran kann der nachfolgende Karten-Leitfaden für Anfänger als Anhaltspunkt und Hilfestellung zum Erkennen der Identität und der Bedeutung der Karten dienen.

Die Großen Arkana
0. Der Narr. Unschuld.
I. Der Magier. Erfahrung.
II. Die Hohepriesterin. Jungfräulichkeit.
III. Die Herrscherin. Produktivität.
IV. Der Herrscher. Kontrolle.
V. Der Hierophant. Führung.
VI. Die Liebenden. Anziehung.
VII. Der Wagen. Fortschritt.
VIII. Die Gerechtigkeit. Der richtige Art und Weise.
IX. Der Eremit. Weisheit.
X. Das Rad. Der Zufall.
XI. Die Stärke. Disziplin.
XII. Der Gehängte. Machtlosigkeit.
XIII. Der Tod. Orgasmus, Abschluss.
XIV. Die Mäßigkeit. Mäßigung.
XV. Der Teufel. Tabu.
XVI. Der Turm. Zerstörung.
XVII. Der Stern. Hoffnung.
XVIII. Der Mond. Fantasie.
XIX. Die Sonne. Wirklichkeit.
XX. Das Gericht. Vernunft.
XXI. Die Welt. Vollständigkeit.

Die Kleinen Arkana
Die Stäbe. Einer oder beide Partner befinden sich in vertikaler Stellung. Der aufrechte Körper symbolisiert einen Stab,

oder *Lingam,* das männliche Phallussymbol für Verlangen und Schöpfung.
Ass. Kreativität, männliche Energie.
2. Autorität, Wechselseitigkeit.
3. Kooperation, Tugend.
4. Zelebration, Freiheit.
5. Uneinigkeit, Konflikt.
6. Sieg.
7. Aggression.
8. Geschwindigkeit, Schnelligkeit.
9. Umsichtigkeit, Zuverlässigkeit.
10. Last, Ermüden.
Bube. Enthusiasmus, Sicherheit.
Ritter. Faszination, Starrköpfigkeit.
Königin. Anziehung, Hingabe.
König. Inspiration, Charisma.
Die Kelche. Einer oder beide Partner knien oder sitzen. Die Frau befindet sich in der oberen, der Mann in der passiven Position. Diese Stellungen heben den Einfluss der passiven und rezeptiven Aspekte der Sexualität hervor.
Ass. Emotion, Intuition.
2. Vereinigung, Anziehung.
3. Freundschaft, Gemeinsamkeit.
4. Langeweile, Apathie.
5. Verlust, Reue.
6. Gutgläubigkeit, Gefallen.
7. Illusionen, Fantasien.
8. Müdigkeit, Bedürfnis.
9. Befriedigung, Sinnlichkeit.
10. Freude, Glück.
Bube. Emotionalität, Intimität.
Ritter. Romantik, Introversion.
Königin. Muttergefühl, Sensibilität.
König. Ruhe, Gerechtigkeit.

Die Schwerter. Auf den Karten der Farbe Schwerter werden einer oder beide Partner kniend oder sitzend abgebildet. Der Mann befindet sich in der oberen, die Frau in der unteren oder passiven Position. Diese Stellungen heben den Einfluss der aggressiven und aktiven Aspekte der Sexualität hervor.

Ass. Logik, Gedanke.
2. Zerstreuung, Debatte.
3. Vertrauensbruch, Missstimmung.
4. Meditation, Kontemplation.
5. Egoismus, Egozentrik.
6. Konsequenzen, Ergebnisse.
7. Diebstahl, Unredlichkeit.
8. Bindungen, Verletzlichkeit.
9. Ängste, Gefühlskälte.
10. Kälte, Berechnung.
Bube. Analyse, Ehrlichkeit.
Ritter. Offenheit, Dogmatik.
König. Glanz, Intuition.
König. Intellektualität, Dialektik.

Die Münzen. Bei der Farbe Münzen liegen beide Partner auf dem Bauch auf der Erde. Die horizontale Stellung suggeriert die einheitliche, passive Solidität des Elements Erde.

Ass. Wachstum, Prosperität.
2. Wechsel, Fluktuation.
3. Mannschaftsspiel, Anstrengung.
4. Macht, sich schützen.
5. Verlust, Armut.
6. Nächstenliebe, Erfolg.
7. Melancholie, Scheitern.
8. Arbeit, Umsicht.
9. Gewinn, Ausbildung.
10. Luxus, Überfluss.
Bube. Praktische Begabung, Prosperität.
Ritter. Starrköpfigkeit, Vorsicht.
Königin. Ressourcen, Vielseitigkeit.

König. Initiative, Professionalität.

Vierter Schritt: der Abschluss. Wenn die Weissagung auf eine Zukunft hindeutet, die Sie lieber vermeiden möchten, löschen Sie alle Kerzen und nehmen Sie ein rituelles Bad, mit dem Sie sich von den Energien der Deutung reinigen.

Geht aus der Weissagung dagegen eine Zukunft hervor, der Sie sich anschließen möchten, ziehen Sie in Betracht, die Sitzung mit einem Akt kreativer Zärtlichkeit zu beenden: von einer langsamen Masturbation bis hin zur Vereinigung mit Ihrem Partner.

Achtung: Jeder Versuch, andere zu manipulieren, führt gefährlich nahe an die Idee der schwarzen Magie heran, und sollte daher in jedem Falle vermieden werden. Prüfen Sie Ihre Wünsche und Motivationen sorgfältig, bevor Sie die sexuelle Magie zur Veränderung der Wirklichkeit einsetzen.

Wickeln Sie die Karten nach Beendigung ihres Einsatzes in ein Tuch aus Seide oder einem anderen Naturmaterial und bewahren Sie sie in einem Kästchen aus Holz, Pappe oder Metall auf. Beschränken Sie den Einsatz der Karten auf Angelegenheiten intimer oder sexueller Natur. Auf diese Weise werden Sie sehen, wie sich Ihr Verhältnis zu diesem Deck im Laufe der Zeit zu einer immer größeren Affinität weiterentwickelt, die durch zuverlässige Ratschläge und kontinuierliche Intuitionen gekennzeichnet ist.

Leitura Recomendada

Livro de Bolso do Kama Sutra
Segredos Eróticos para Amantes Modernos
Nicole Bailey

Nicole Bailey, escritora especialista em saúde, psicologia e relacionamentos, inspirou-se nos textos dos clássicos orientais *Kama Sutra*, *Ananga Ranga* e *O Jardim Perfumado*, para reunir nesta obra os mais potentes ingredientes do erotismo oriental e oferecer aos amantes modernos dicas para fazer do sexo uma experiência completa de prazer e sensualidade para todo o corpo. São 52 posições excitantes para aquecer suas relações!

Sexo Fantástico em 28 Dias
Uma Transformação Completa na Vida Sexual
Anne Hooper

Estar fora de forma e acima do peso não significa necessariamente que seu desejo sexual deva ficar alterado. Em *Sexo Fantástico em 28 Dias* você aprenderá a mesclar dieta e apetite sexual e ficará surpreso com os resultados obtidos dia a dia com as dicas de Anne Hooper, a terapeuta sexual mais vendida no mundo!

Erotismo de bolso
Os segredos para o Êxtase com a Massagem Sensual
Nicole Bailey

Vibre com os três níveis de êxtase – quente, muito quente e picante
Quente... Desperte seu corpo com técnicas que o fará querer mais.
Muito quente... Mergulhe fundo para descobrir as zonas certas de prazer para aumentar o calor.

www.madras.com.br

Leitura Recomendada

69 Formas de Satisfazer seu Parceiro
Segredos Sexuais para um Prazer Máximo
Nicole Bailey

O livro *69 Formas de Satisfazer seu Parceiro* trata de sensações físicas puras, ousadas e deliciosas, com dicas quentes para apimentar sua vida amorosa e fazer o coração de seu parceiro ou de sua parceira acelerar de desejo.

Sexo Fantástico do Kama Sutra de Bolso
Nicole Bailey

Sexo Fantástico do kama Sutra de Bolso – 52 Posições Ardentes. Dicas na Medida Certa para o Prazer na Cama. Instigue, Excite e Eletrize seu Parceiro.

O Guia completo do Kama Sutra
Al Link e Pala Copeland

Enriqueça sua paixão e seu prazer. Você sabe que a sabedoria eterna do Kama Sutra tem atraído casais ao longo da história para adotar os prazeres de posições variadas e preliminares. Mas há mais a ganhar com esse antigo texto que simples instruções... Esta obra investiga profundamente as alegrias sensuais e possibilidades eróticas de amor íntimo, permitindo um sexo mais sublime.

www.madras.com.br

Leitura Recomendada

Jogos Sexuais Fantásticos
Anne Hooper

Coloque o fogo de volta ao sexo com jogos eróticos ousados.
Realize suas mais audaciosas fantasias sexuais com jogos sexuais ousados e sensuais.
Combinem borbulhas com carícias e descubram o prazer do banho divertido e travesso.
Explorem o erotismo da comida em piqueniques promíscuos e banquetes sexuais.
Aprimorem suas técnicas sexuais e prolonguem o prazer com seus corpos.

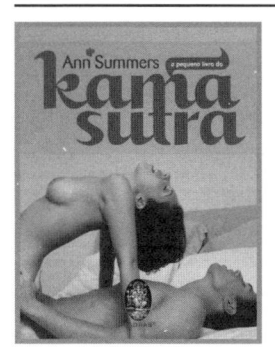

O Pequeno livro do Kama Kutra
Ann Summers

O Kama Sutra é o manual sexual original, e esta atualização sexy lhe contará todos aqueles segredos de que você precisa saber para ter bons momentos na cama (e fora dela!).
Com fotos quentes coloridas para inspirá-lo, O Pequeno Livro do Kama Sutra, de Ann Summers, dará à sua vida sexual uma nova dimensão – você verá estrelas!

www.madras.com.br

MADRAS Editora

CADASTRO/MALA DIRETA

Envie este cadastro preenchido e passará a receber informações dos nossos lançamentos, nas áreas que determinar.

Nome _____
RG _____ CPF _____
Endereço Residencial _____
Bairro _____ Cidade _____ Estado ____
CEP _____ Fone _____
E-mail _____
Sexo ❏ Fem. ❏ Masc.   Nascimento _____
Profissão _____ Escolaridade (Nível/Curso) ____

Você compra livros:
❏ livrarias   ❏ feiras   ❏ telefone   ❏ Sedex livro (reembolso postal mais rápido)
❏ outros: _____

Quais os tipos de literatura que você lê:
❏ Jurídicos   ❏ Pedagogia   ❏ Business   ❏ Romances/espíritas
❏ Esoterismo   ❏ Psicologia   ❏ Saúde   ❏ Espíritas/doutrinas
❏ Bruxaria   ❏ Autoajuda   ❏ Maçonaria   ❏ Outros:

Qual a sua opinião a respeito desta obra? _____
_____

Indique amigos que gostariam de receber MALA DIRETA:
Nome _____
Endereço Residencial _____
Bairro _____ Cidade _____ CEP _____
Nome do livro adquirido: <u>O Tarô do Kama Sutra</u>

Para receber catálogos, lista de preços e outras informações, escreva para:

MADRAS EDITORA LTDA.
Rua Paulo Gonçalves, 88 – Santana – 02403-020 – São Paulo/SP
Caixa Postal 12183 – CEP 02013-970 – SP
Tel.: (11) 2281-5555 – Fax.:(11) 2959-3090
www.madras.com.br

Este livro foi composto em Times New Roman, corpo 11,5/13.
Papel Offset 75g
Impressão e Acabamento
Neo Graf Ind Gráfica e Editora
Rua João Ranieri, 742 – Bonsucesso – Guarulhos
CEP 07177-120 – Tel/Fax: 3333 2474